Valentin Veit, Pamphlet Collection, Library of Congress

Die Bildung des Coptischen Nomens

Valentin Veit, Pamphlet Collection, Library of Congress

Die Bildung des Coptischen Nomens

ISBN/EAN: 9783743694040

Hergestellt in Europa, USA, Kanada, Australien, Japan

Cover: Foto ©Thomas Meinert / pixelio.de

Weitere Bücher finden Sie auf **www.hansebooks.com**

Die

Bildung des Coptischen Nomens

von

Veit Valentin
aus Frankfurt a. M.

Von der Philosophischen Facultät der Georgia Augusta am 4. Juni 1864 gekrönte Preisschrift.

Göttingen,
Druck der Universitäts-Buchdruckerei von W. Fr. Kaestner.
1866.

Bevor ich zur eigentlichen Behandlung des gegebenen Thema's, einer Beschreibung des coptischen Nomens[1]), schreite, ist es nothwendig einige Grundsätze an die Spitze zu stellen, nach deren Art und Eigenthümlichkeit sich der Aufbau alles Folgenden zu richten haben wird.

Erster Satz. Zunächst setze ich als sicheres Ergebniss der Sprachforschung und als den Gesichtspunkt, von welchem alle Betrachtung des coptischen Sprachstammes sowie des Baues eines einzelnen in ihm vorhandenen Gliedes der Sprache künftig ausgehen müsse, den in diesem Sprachzweig herrschenden Fortgang von dem einer älteren Bildung angehörenden Hinterbau zu dem die neuere Bildung kennzeichnenden Vorderbau voraus, wie er von Ewald erkannt und in der ersten seiner „Sprachwissenschaftlichen Abhandlungen"[2]) auseinandergesetzt worden ist. 1

Zweiter Satz. Damit auf's Engste zusammenhängend und für die Erkenntniss sich daraus als Folge entwickelnd ist der andere Grundsatz, dass der coptische Sprachstamm in der ganzen Sprachentwicklung eine verhältnissmässig noch sehr frühe Stufe einnehme[3]), dass demnach eine Art des Sprach- und Wortbaues hier Statt haben könne, welche durch die in den anderen uns näher liegenden Sprachstämmen weiter fortgeschrittene Entwicklung längst überboten sein mag, ohne selbst hierdurch unmöglich gemacht worden zu sein. Eine Folge aus dem ersten Satz ist dieser zweite insofern als eine Sprache, welche bereits in der einen Richtung einen bedeutenden Schritt zur Ausbildung der in ihr liegenden Möglichkeiten und Fähigkeiten der Ausdrucksweise gethan hat, durch den gänzlichen Umschlag dieser Richtung in die gerade entgegengesetzte nothwendigerweise gleichsam auf ihren ersten Ausgangspunkt zurückgeschleudert und hierdurch auf einer früheren Stufe der Entwicklung zurückgehalten wird. In Folge davon ist sie gezwungen von vorne an ihre Kräfte neu zu entwickeln[4]), wenn sie auch manches bereits Vorhandene, seit jenem Umschlag aber wesentlich unbrauchbar Gewordene sich formell noch bewahren kann, während die wesentliche, die Bedeutung allein darstellende Bildung bereits nach dem neuen Bildungsgesetz entstanden und vorhanden ist, wie dies im Coptischen bei der Umwandlung des Hinterbaues in den Vorderbau wirklich hie und da[5]) sich zeigt. 2

3   Dritter Satz. An und für sich nun brauchte dieses Zurücktreten auf eine bereits verlassene Stufe nicht zur Folge zu haben, dass die betreffende Sprache in der Art ihrer Entwicklung auch für alle Folgezeit hinter den anderen in gerader Linie sich ununterbrochen fortentwickelnden Stämmen zurückbleiben müsse; vielmehr wäre es sehr wohl denkbar, dass sie sich in Folge der neu eingetretenen Richtung um so rascher und vollständiger entwickelt hätte. Hier jedoch tritt für die Betrachtung des Coptischen die Eigenthümlichkeit des Ägyptischen Wesens als neues Moment hinzu. Ist es eine bereits bei anderen Völkern beobachtete und festgestellte [6]) Thatsache dass ein in seinen Wohnsitzen verharrendes Volk auch in seiner Sprache keine bedeutenden Veränderungen vornimmt, so scheint doch ein solches consequentes Festhalten an dem Gegebenen den Aegyptern in besonders hohem Grade eigenthümlich gewesen zu sein, indem es sich nicht als das Festhalten des gerade zufällig Vorhandenen sondern als das Festhalten der immer gleichen Art und Weise kund giebt, in welcher das einmal Ergriffene seine fernere Behandlung und Ausbildung findet. Dies zeigt deutlich, dass diese Consequenz nicht nur in den äusseren Verhältnissen, in welchen dieses Volk gerade lebte, sondern in seinem ihm eigenthümlichen Wesen seinen Grund habe [7]). Wie sich dieser Charakter der Aegypter in ihrer Lebensweise, Bauart und Kunst ausspricht, so thut er es auch in der Sprache und deren Abbild, der Schrift. Auch in ihnen gehen die Aegypter nicht von einem Princip zum andern über, sondern nur innerhalb des einmal als gültig angenommenen Princips kann ein Wechsel vorgehen und zwar nur so weit als durch ihn das Princip selbst nicht gefährdet wird.

4   Vierter Satz. Das Princip nun, welches in dem Bau der coptischen Sprache herrscht, ist dieses, dass alle Modificationen des in einem Stamme wiedergegebenen Begriffes, soweit sie in diesem Sprachstamm überhaupt in einer äusserlichen lautbaren Form ihren Ausdruck finden, ausserhalb des Stammes angedeutet werden, während eine innere Umbildung dieses selbst, sei es eine solche der Consonanten oder der Vocale, nicht in der Weise vorgenommen wird, dass mit der gleichen inneren Umbildung der Form eine parallel laufende jedesmal in gleicher Weise als Folge eintretende Umbildung der Bedeutung verknüpft wäre, in welchem Fall allein von einer wirklichen Bildung die Rede sein könnte [8]). Das hier gegebene Princip bleibt bei der Umwandlung des Vorderbau's in den Hinterbau vollkommen unberührt, indem dieselbe ausserhalb des Stammes eintritt, so dass dieser Wechsel ein innerhalb des Principes vor sich gehender, keineswegs aber ein dasselbe aufhebender ist.

5   Fünfter Satz. Auch die Schrift, dieses wo sie für die Sprache selbst aus deren Eigenthümlichkeit heraus entstanden und nicht von anders woher entliehen ist, getreueste Abbild der Sprache weist ein gleiches Festhalten an einem und demselben Princip auf. Der hier herrschende Grundsatz ist dieser, dass die ägyptische Schrift den ihr ursprünglichen Charakter einer Bilderschrift bewahrt, innerhalb der

Festhaltung dieses Charakters zwar bis zur Feststellung phonetischer Zeichen fortschreitet, niemals aber den entscheidenden Schritt thut für ein und denselben Laut ein und dasselbe Zeichen zu gebrauchen, so dass, wo immer dieser Laut erscheint, kein anderes Zeichen als dieses eine zu der Bezeichnung des Lautes dienen könnte [9]). Ja das zähe Festhalten an dem geltenden Princip geht sogar so weit, dass es auch bei der Annahme der griechischen, durchaus dem anderen Princip unterworfenen Schrift selbst gegen den Charakter dieses Schriftprincipes theilweise in Geltung bleibt. Wie nämlich in der ägyptischen Schrift, selbst wo sie bereits am meisten phonetisch geworden ist, nothwendig nur die Consonanten bezeichnet werden, die Vocale dagegen meist ohne besondre Bezeichnung bleiben, indem sie theils in dem consonantischen Zeichen in bestimmter Weise mit einbegriffen sind (Sylbenzeichen), theils ganz von dem Lesenden ergänzt werden müssen, so wird auch noch in dem mit griechischer Schrift geschriebenen Coptischen der Vocal häufig da weggelassen und muss nach alter Weise vom Leser ergänzt werden, wo er nach dem Princip der griechischen Schrift hätte geschrieben werden müssen [10]).

Sechster Satz. Dies konnte jedoch nur in den verhältnissmässig selteneren 6 Fällen eintreten. Während nämlich in der ägyptischen Schrift die Determinative stets den Sinn des Wortes unzweifelhaft machten, wenn auch die vollständige Aussprache dem Einzelnen hinzuzufügen überlassen blieb, so fiel seit Eintreten der griechischen Schrift dieses Hülfsmittel selbstverständlich fort. Als Ersatzmittel ward nun die der griechischen Schrift als Nothwendigkeit angehörige, von den wenigstens an dem Charakter ihrer Schrift zäh festhaltenden (§ 5) Copten aber von vornherein doch nur als Möglichkeit angenommene Eigenthümlichkeit des Ausschreibens der vocalischen Aussprache verwandt, um so den Wortlaut und damit in vielen Fällen die sichere Bedeutung des Stammes deutlich zu kennzeichnen. Doch ist diese Ersetzung an und für sich nur eine sehr mangelhafte wegen der Armuth des neuen Mittels gegenüber dem Reichthum des älteren Gebrauchs, und ist es besonders bei der der ägyptischen Sprache eigenthümlichen Natur, welche sich nun um so deutlicher kund geben muss. Und dies ist gerade das was diesem Uebergang von der einen Schreibweise zu der andern für die Erkenntniss dieser Sprache und der Sprache überhaupt besondre Wichtigkeit verleiht. Denn nun tritt so unabweisbar die bereits von jeher in dieser Sprache herrschende leichte Verschiebbarkeit des vocalischen Lautes ohne eine entsprechende Aenderung der Bedeutung als jedesmal sicher eintretende Folge zu Tage, dass dieser hohe Grad des geringen Gewichtlegens auf den vocalischen Laut des Stammes im Verhältniss zu dem Einfluss desselben auf die Bedeutung des Stammes geradezu als eine charakteristische Eigenthümlichkeit des Aegyptischen betrachtet werden muss [11]). Eine solche Stufe innerhalb der Entwicklung der Sprache überhaupt, auf welcher die Bedeutung des Stammes einseitig in die Consonanten verlegt wird während die vocalischen Laute nur die Aufgabe haben die Möglichkeit der Aussprache zu gewähren, ist sehr wohl denkbar. Zunächst an und für sich: denn die Consonanten bilden stets den eigentlichen Knochenbau des Wortes, zu welchem als weiteres Moment für die Bedeutung der vocalische Laut kommen kann, in der Regel auch wohl kommen wird, keineswegs aber kommen muss [12]). Zweitens, da eine solche Einseitigkeit jedenfalls nur auf einer höchst alterthümlichen Stufe der Sprache vorhanden sein kann, so stimmt für die Möglichkeit ihres Vorkommens im Coptischen das gerade an diesem Sprachstamme auch in anderer Weise (§. 2) so sichtlich hervortretende, durch die Umwandlung des Hinterbau's in den Vorderbau (§. 1) veranlasste Beharren auf einer älteren Sprachstufe; ferner das in ihm herrschende Gesetz die Modificationen der Bedeutung durchaus nur ausserhalb des Stammes auszudrücken (§. 4), so dass dieser gar keine Veranlassung hatte, einen innerhalb seiner selbst vor sich gehenden Vocalwechsel zu gleichem Zweck zu benutzen [13]), und endlich die Beharrlichkeit, mit welcher dieser Sprachstamm bei einem einmal von ihm angenommenen Principe verblieb (§. 3).

7   Siebenter Satz. Dieses scheinbar eine schrankenlose Willkür gestattende Princip erleidet jedoch in der Wirklichkeit mancherlei Beschränkung. Gewiss hat sich schon in der ältesten Zeit der Sprache für viele Stämme je nach der Beschaffenheit der dieselben bildenden Laute eine mit Vorliebe angewandte vocalische Aussprache festgesetzt, von welcher andere dem Princip nach gleichfalls mögliche Aussprachen durch die aus den besonderen Verhältnissen eines einzelnen Falles entspringenden Gründe zurückgedrängt wurden. Eine andere Art der Beschränkung tritt dadurch ein, dass, wo der erstere Fall nicht stattfand, also die Möglichkeit verschiedener vocalischer Aussprache blieb, sich leicht für die verschiedenen in demselben consonantischen Laute des Stammes enthaltenen Modalitäten des Begriffes besondere ursprünglich für alle Modalitäten desselben mögliche vocalische Aussprachen im Gebrauche festsetzten, so dass es nun leicht den Anschein haben könnte, als sei die Verschiedenheit der Begriffsmodalität eine Folge der verschiedenen vocalischen Aussprache: in Wahrheit aber kommt diese letztere zu der ersteren nur zufällig hinzu, d. h. sie steht mit ihr in keinem eine nothwendige Folge nach sich ziehenden Causalnexus. Der Unterschied zwischen dieser der Herrschaft des Gebrauches verdankten Vocalisation und der, einen gleichmässigen und sicheren, im gleichen Falle regelmässig und nach festem Princip wiederkehrenden Einfluss auf die Bedeutung des Stammes ausübenden Vocalisation ist ein so bedeutsamer und das Wesen einer einzelnen Sprache so bestimmt charakterisirender, dass man danach eine auf wirklich wesentlicher Verschiedenheit beruhende Eintheilung der Sprachen zu versuchen geneigt sein könnte [14]). Dass natürlich auch die Herrschaft des Gebrauches keine willkürliche d. h. grundlose ist, versteht sich von selbst. Nur ist der Grund ein dem jedesmaligen einzelnen Falle entspringender und wir müssen von vorn an

darauf verzichten ihn überall aufdecken zu können, da uns zwar die Sprache noch zur Beurtheilung vorliegt, nicht aber die subjective Empfindung der sie Sprechenden und sie Gestaltenden, welche neben dem äusserlich gegebenen Stoff der Sprache, den Lauten, das zweite wichtigere, die besondere im einzelnen Fall eintretende Benutzung desselben begründende Moment ist. Nur wo dieses als Richtschnur für eine Reihe gleichgearteter Fälle, nicht nur für den einzelnen Fall auftritt, wird es für uns als Gesetz gleichsam greifbar und wir vermögen es festzuhalten, um es zu einer wissenschaftlichen Erkenntniss der Sprache zu verwerthen; denn diese ist hier wie überall sonst nur da möglich, wo sich die Vielheit des Einzelnen durch Aufdeckung des Gemeinsamen zur Einheit gestalten lässt.

Achter Satz. Galt im Aegyptischen der Vocal von Anfang an nicht als 8 Mitträger der Bedeutung des Stammes, so blieb für ihn zunächst nur die Aufgabe, welche der Vocal überall, auch in den Sprachen in denen er zugleich auf die Bedeutung Einfluss ausübt, dennoch immer noch zugleich und überhaupt zuerst hat, die nämlich, eine Stütze für die Aussprache der Consonanten herzugeben welche ohne Vocal nicht laut werden können.

Neunter Satz. Steht aber dieses fest, so ist die durchaus selbstverständ- 9 liche, weil aus der Natur der Sache entspringende Folge die, da auch dieser Sprachstamm, wie die Sprache überhaupt zu allen ihren Zwecken, sich zunächst des einfachsten Mittels bediente, dass der kürzeste vocalische Laut als der am Nächsten liegende und für den hier verfolgten Zweck zunächst durchaus genügende zuerst allein auftritt. Zugleich aber muss die Färbung dieses vocalischen Lautes folgerichtig principiell ursprünglich vollständig indifferent sein (vgl. §. 6), eben weil sie von Anfang an in gar keiner Beziehung zur Bedeutung steht.

Zehnter Satz. Ferner folgt aus dieser Stellung des vocalischen Lautes 10 im Aegyptischen, und dem für alle Sprachbildung gültigen Satze dass im Bau der Sprache nur das Nothwendige, wirklich als Bedürfniss Empfundene zur Geltung kommen kann, dass, solange es nur irgend angeht, nur ein einziger vocalischer Laut die Stütze eines Stammes bildet. So ergibt sich die Regel: Jedes coptische Wort hat ursprünglich nur einen ihm wesentlichen Stützvocal; verursachte die Eigenthümlichkeit der einen besonderen Stamm bildenden consonantischen Laute die Anwendung noch anderer vocalischer Laute, so haben diese nur die Bedeutung von Hülfsvocalen [15]), welche für den Charakter des Wortes unwesentlich sind; andrerseits kann der Stützvocal nie fehlen [16]), wohl aber unterliegt sein Auftreten mancherlei Wandelungen je nach der Stellung, in welche das Wort durch seine Beziehungen im Satze tritt [17]).

Elfter Satz. Der Schluss hieraus ist, dass alle Wortformen, deren Stütz- 11 vocal ein kurzer vocalischer Laut ist, als zur älteren Stufe in der Entwicklung des ägyptischen Sprachstammes gehörig zu betrachten sind.

12 Zwölfter Satz. Daraus dass der Stützvocal zunächst keinen modificirenden Einfluss auf die Bedeutung des Stammes ausübt, dass er vielmehr überhaupt nur den lautlichen Stützpunct des Wortganzen darzubieten hat, folgt weiter, dass die Stelle an welcher er seine Aufgabe erfüllt, keine von vorn an bei jedem einzelnen Stamm unveränderlich feststehende ist, dass sie vielmehr bei einem und demselben Stamm ohne Einfluss auf die Bedeutung auszuüben müsse wechseln können, da er ja an der einen Stelle ebensogut wie an der anderen seinen Zweck erfüllt [18]).

13 Dreizehnter Satz. Als Resultat des Vorhergehenden und als Richtschnur des Folgenden lässt sich dieser Satz zusammenfassen: Entwicklung der Vocalisation und Entwicklung der Bedeutung laufen im Aegyptischen wie zwei durchaus selbständige Ströme nebeneinanderher, welche je nachdem sie sich in jedem einzelnen Falle berühren, die besondere Gestaltung jedes einzelnen Wortes in Bezug auf seine vocalische Aussprache zur Folge haben. Es müssen also die Gesetze dieser beiden Entwicklungen zunächst gesondert betrachtet werden.

14 Vierzehnter Satz. Der somit auch hier wie in den andern Sprachstämmen [19]) ursprünglich als kurz in dem Wort erscheinende Vocal macht im Coptischen eine gesetzmässige Entwicklung bis zu seinem vollständigen Gegensatz als ihrem letzten Ziele durch, deren Gründe theils in dem Wesen der Sprache überhaupt, theils in der Eigenthümlichkeit der coptischen Sprache zu suchen sind. Dabei sind Quantität und Qualität des Vocales streng auseinanderzuhalten; wir sprechen hier zunächst von der Quantität.

15 Fünfzehnter Satz. Zunächst liegt es in der Natur der Sache, dass ein vollbetonter Vocal durch den Einfluss des Tones leicht gedehnt werden kann [20]). Daher unterliegt im Coptischen besonders der Stützvocal leicht der Verlängerung [21]).

16 Sechszehnter Satz. Am meisten jedoch scheint die Verlängerung im Coptischen eingetreten zu sein, seit nach gänzlichem oder theilweisem Abfall der Hinterbaubildungen der einfache Stamm gleichsam dieselbe Fülle des Begriffes, das gleiche Gewicht des Wortes vertreten sollte, welches dieses vorher mit der Hinterbaubildung dargeboten hatte [22]). Dem langen Vocal sowie dem Diphthongen ist in dieser Hinsicht der verdoppelte kurze Vocal gleich zu achten. Das Coptische geht in seiner Entwicklung sehr consequent bis zur äussersten Möglichkeit fort, indem es bei dem Diphthongen, welcher zunächst aus zwei kurzen Vocalen besteht, den einen verlängert, so dass der Diphthong nun gleich drei kurzen Vocalen ist, und weiter sogar den einfachen langen Vocal verdoppeln kann, welcher somit vier kurzen Vocalen entspricht [23]).

17 Siebzehnter Satz. Auch die Qualität des Vocals unterliegt einer Entwicklung, welche in ihrem wesentlichen Verlauf natürlich nicht dem Coptischen allein angehört, sondern der Sprache überhaupt eigenthümlich ist. Hier ist zu bemerken, dass es wohl kaum richtig ist, wenn man irgend einen bestimmten Vocal wie *a* als

den Grundvocal hinstellt **)‚ aus welchem sich die anderen entwickelt hätten Es ist vielmehr festzuhalten, dass es in der That nur einen Vocal giebt d. h. nur einen Laut, der ohne Anwendung eines besonderen Organes des Mundes entsteht, so jedoch, dass er je nach dem Grad und der besonderen Gestaltung der Oeffnung des Mundes jedesmal zogleich eine bestimmte Färbung annimmt. Das Wesen der verschiedenen vocalischen Laute ist daher in ganz anderer Weise dasselbe, als es bei den Consonanten der Fall ist, deren verschiedene Klassen durch Anwendung verschiedener Organe entstehen, so dass für die Bildung und Bedeutung des Wortes der Uebergang des consonantischen Lautes aus einer Klasse in den einer anderen ein viel grösseres Gewicht haben muss als der Uebergang eines vocalischen Lautes in einen anderen. Diesem letzteren Uebergange steht auf consonantischer Seite vielmehr der innerhalb der einzelnen Klassen vor sich gehende Wechsel also z. B. des b in p u. s. w. ganz gleich. Nur in diesen Schranken bewegt sich die im Mittelländischen so wichtige consonantische Lautverschiebung, welche auf die Bedeutung des Wortes keinen Einfluss hat, ebensowenig wie die ihr zur Seite gehende vocalische Lautverschiebung, wie sie in diesem Sprachstamm besonders von Sprache zu Sprache Statt hat (J. Grimm, *Geschichte der deutschen Sprache* S. 274 f.) und in ein und derselben Sprache als sogenannte Schwächung auftritt. Um so leichter wird es nun auch von dieser Seite der Betrachtung begreiflich, wie im Coptischen eine in ihrem Verlauf selbstverständlich der besonderen Eigenthümlichkeit dieser Sprache entsprechende vocalische Entwicklung vor sich gehen könne, in welcher die vocalischen Laute wesentlich ohne bestimmenden Einfluss auf die Bedeutung des Wortes bleiben und, wo ein solcher eintritt, diesen dem Zusammentreffen mit andern Gründen zu verdanken haben.

Achtzehnter Satz. Die in Bezug auf die Qualität im Coptischen hervortretende Entwicklung des Vocales ist, entsprechend der in den übrigen Sprachstämmen sich offenbarenden (vgl. Ewald, *H. S. L.*, §. 295, J. Grimm, *Geschichte der deutschen Sprache* I. S. 274 f.) diese dass die nächstliegenden Färbungen desselben, *a i u*, auch hier die ursprünglicheren sind, während die zwischen ihnen liegenden *e* und *o* so wie die aus ihrer Verbindung entstandenen Diphthonge einer späteren Zeit angehören. Und im Coptischen tritt es auch thatsächlich hervor, dass namentlich in der verbalen Bedeutung eines Stammes die vocalische Entwicklung in den häufigeren Fällen in u und ω, oft sogar verdoppelt, gipfelt, welche Formen demnach als Resultat der zusammentreffenden quantitativen und qualitativen vocalischen Entwicklung zu betrachten sind.

Neunzehnter Satz. Für die Entwicklung der Bedeutungen eines Begriffes (seiner verschiedenen Modificationen) und eine parallel laufende Entwicklung der denselben bildlich darstellenden sinnlichen Gestaltung des Wortes und zwar des Stammes ist zunächst zu bemerken, dass eine solche vorzugsweise dann stattfindet, wenn der Begriff nicht von Anfang an ein ruhender ist, sondern zugleich auch seinem Wesen nach als That und Bewegung sich zu äussern vermag, d. h. wenn der Begriff von Anfang an nicht ein nur nominaler ist, sondern die Fähigkeit hat sich in nominaler und verbaler Richtung zu bewegen. Für die Betrachtung der Bildung des Nomens sind die Stämme dieser letzteren Art die wichtigeren, weil nur hier ein und derselbe Grundbegriff sich in alle die verschiedenen Richtungen der Bedeutung, in welchen das Nomen aufzutreten vermag, spaltet und entsprechende Veränderungen der Gestalt des Wortes nach sich ziehen kann, während da wo der Begriff von Anfang an ein ruhender ist, eine Veränderung in der Richtung seiner Bedeutung und als Folge davon eine andere Formbildung nur in geringerem Masse eintritt. Wir legen daher für unsere Betrachtung in der Folge überall die Stämme zu Grunde, welche ihren Begriffen nach von Anfang an sich in nominaler und verbaler Richtung zu entwickeln vermögen.

20 Zwanzigster Satz. Für das Coptische nun tritt (in Uebereinstimmung mit Satz 4) das Gesetz ein, dass der Stamm als solcher und zwar wie er als fertiges Wort in die Sprache tritt, noch nicht die Eigenschaft hat sich entschieden nach der einen oder der anderen Richtung hinzu bewegen. Diese Entscheidung tritt sprachlich erst durch die Art ein, in welcher seine Beziehung in der Rede ausgedrückt wird.

21 Einundzwanzigster Satz. Offenbar trat jedoch auch in diesem Sprachstamme schon in sehr alter Zeit das Bestreben ein das Wort bereits als solches und ohne dass es nur an der Art wie seine Beziehungen in der Rede ausgedrückt werden, hervorträte, als in der einen oder anderen Richtung sich bewegenden Begriff zu kennzeichnen; die ältesten Spuren davon sind in den Hinterbaubildungsresten erhalten, namentlich in der Bildung des weiblichen Nomens (§. 36 ff.).

22 Zweiundzwanzigster Satz. Aber auch die Beziehungen selbst, welche das Wort in der Rede empfängt, suchte dieser Sprachstamm zu verkörpern: darauf weisen die noch restweise vorhandenen gleichfalls nach dem Gesetze des Hinterbau's an den Stamm antretenden Bildungen des Plurals (§. 43 ff.) sowie die des Participiums (§. 32 ff.) hin. Ehe jedoch die Sprache zu weiteren Bildungen dieser Art schreiten konnte, trat jene grosse Umwälzung des Hinterbau's in den Vorderbau ein, durch welchen die Sprache gleichsam auf ihren Ausgangspunkt zurückgedrängt wurde, um sich von da aus neu nach den Gesetzen des Vorderbau's zu bilden. Dies geschah in der Weise, dass selbst da, wo die alte Bildung sich ganz oder theilweise erhielt, die neue Bildung niemals überflüssig wird. Diese muss vielmehr stets eintreten, während die alte Bildung als für die Bedeutung gleichsam wirkungslos und ihres Inhaltes beraubt, der in die neue Bildung übergetreten ist, stehen blieb. Bei dem Participium, das seiner Natur nach auch als Nomen niemals die verbale Richtung der Bedeutung ganz aufgiebt, trat dieser Rückschlag in der

Weise ein, dass in dieser Zeit, in welcher der Vorderbau die eigentliche lebendige Kraft der Sprache ist, der Stamm mit der alten Participialbildung dem ursprünglichen einfachen Stamm in der Richtung der verbalen Bedeutung wiederum gleich steht und, als ob er ein solcher wäre, als Verbum finitum auftreten kann, während er jedoch anderseits auch noch seine Participialbedeutung zu bewahren vermag. Doch ist dies letztere gewiss weniger eine Folge seiner alten Bildung als vielmehr der jedem Stamme ursprünglich innewohnenden Fähigkeit als Nomen und somit auch in der besonderen Modification des Participiums ohne jede besondere Aussere, nur diese Modification als vorhanden anzeigende Bildung aufzutreten.

Dreiundzwanzigster Satz. Denn auch der Vorderbau ist keineswegs 23 bereits in so durchgreifender Weise durchgedrungen, dass nun eine jede Modification des Begriffes in einer besonderen Stammesbildung ihr Aequivalent fände. Vielmehr haben sich viele Stämme die Fähigkeit bewahrt sowohl in verbaler wie in nominaler Richtung ihres Begriffes die verschiedenen Modificationen einer jeden derselben noch in dem nackten Stamm vereint zu bewahren, so dass das Hervortreten einer jeden einzelnen dem Zusammenhang der Rede überlassen bleibt (vgl. Satz 6 Anm. 13). Wo jedoch eine der im Stamm ursprünglich vereint vorhandenen Modificationen des Begriffs ihre Verkörperung durch eine Vorderbaubildung findet, kommt, wie schon aus dieser Entstehung folgt, durch diese Vorderbaubildung kein neuer Begriff in das Wort wie es bei Zusammensetzungen der Fall ist, sondern nur die sinnliche Vertretung des begrifflich bereits Vorhandenen tritt ein. Daher kommt es denn auch dass Stämme mit und ohne eine solche Vorderbaubildung dennoch denselben Begriff darzubieten vermögen. Zugleich mag hier noch einmal hervorgehoben sein, dass es nur wenige solcher Vorderbaubildungen giebt, welche (§. 50 ff.) nun immer eine ganze umfassende Klasse der Begriffsmodificationen umgreifen und das Hervortreten dieser stets zur Folge haben wo sie auch auftreten mögen, also im vollen Sinne des Wortes Bildungen zu nennen sind.

Vierundzwanzigster Satz. Aus allem Vorhergehenden ergiebt sich so- 24 mit für die Behandlung des coptischen Nomens in Bezug auf die Entwicklung seiner sprachlichen Bildung dies, dass zunächst die Reste der Hinterbaubildung zu betrachten sind, womöglich mit Nachweisung ihrer ursprünglichen Bedeutung, jedenfalls aber der Stellung welche sie auf der uns überlieferten Sprachstufe einnehmen; sodann aber der Vorderbaubildungen nach ihrer Entstehung und Bedeutung, womit die eigentliche Bildung des coptischen Nomens ihren Abschluss findet. Schliesslich werde ich noch eine tabellarische Uebersicht solcher Stämme geben, welche noch die Modification des Nomens in sich schliessen, und ihnen den Stamm in seiner verbalen Richtung gegenüberstellen, damit so das Verhältniss, welches zwischen beiden Richtungen des Begriffes in Bezug auf die vocalische Aussprache herrscht, scharf hervortrete und hierdurch ein leichterer Ueberblick über die zwischen Bedeutung und Aussprache etwa vorhandene Wechselwirkung gewährt werde.

I. Die Hinterbaubildungen.

25   Die Hinterbaubildungen sind in den meisten Fällen, in welchen sich noch Spuren von ihnen erhalten haben, bereits so abgeschliffen, dass gerade das sie Unterscheidende und ihre verschiedenartige Einwirkung auf die Bedeutung eigentlich Begründende verloren gegangen und nur ein kurzer Vocal übrig geblieben ist, z. B. ⲥⲓⲥⲓ, ⲧ dorsum: ⲥⲓⲥⲓ, ⲛ elevatio (ⲥⲓⲥⲓ elevare). Auch dieser Vocal wird allmählich mehr und mehr abgeschliffen, so dass häufig dieselbe Form mit und ohne diesen letzten Rest der Hinterbaubildung erscheint, z. B. ⲏⲡⲓ M. ⲏⲡⲉ, ⲏⲏⲡⲉ S., ⲧ: ⲏⲡ, ⲧ M. numerus (ⲏⲡ numerari). Wirklich in ihrer ursprünglichen oder wenigstens für uns nachweisbar ältesten Form sind sie nur in verhältnismässig wenigen Fällen erhalten, welche ihrer besonderen Natur nach in vier Gattungen zerfallen, je nachdem sie nämlich an den Stamm in nominaler und verbaler Richtung treten können und, falls er sich in der ersteren bewegt, mit dem Masculinum zusammentreffen, oder die bestimmte Begriffsmodification des Participiums bilden, oder das Nomen als ein Femininum oder endlich es als einen Plural bezeichnen.

26   1. Die erste der hier bezeichneten Gattungen weist noch die Bildungen -ⲑ, -ⲛ, -ⲡ, -ⲧ auf, welche an den Stamm angefügt erscheinen ohne dem in demselben ruhenden Begriff eine bestimmte Richtung zu geben. Sowohl in seiner verbalen wie nominalen Bedeutung erscheinen sie und bewirken in dieser letzteren dies, dass das Nomen als männlichen Geschlechtes auftritt. Sie scheinen ursprünglich an jeden nackten Stamm getreten und in ihrem ursprünglichen Werth einander völlig gleich gewesen zu sein").

27   a. Reste der Hinterbaubildung -ⲑ. Sie findet sich in dem hieroglyphischen ETF und steht sicher, da dieses auch mit dem Pronomen -F sein vorkommt: ETFF, vgl. Champollion, Gr. Eg. p. 65. Das Coptische hat nur den nackten Stamm ⲓⲱⲧ pater, während sich andrerseits die Vocale fortentwickelt haben §. 18. In der verbalen und nominalen Richtung des Begriffs findet es sich im Coptischen selbst in ϭⲱⲙϭ, ϭⲟⲙϭ, ϭⲙϭ contemnere, contemni: ϭⲙϭ, ⲛ contemptus, woneben auch schon das verkürzte ϭⲙ für contemnere und (—, n) contemptus vorkommt. Häufiger hat sich dies -ⲑ in der nominalen Richtung des Begriffes erhalten als der welche, ihrem Wesen nach die weniger bewegliche, auch in der Sprache die ältere

Bildung am längsten sich bewahrt, ein Gesetz, dessen Anwendung gerade im Coptischen häufig hervortritt. So ⲡⲱⲟⲩⲧϥ, n *alacritas*: ⲡⲱⲟⲩⲧ *alacrem esse*; ⲛⲟⲕⲉϥ (ⲛⲟⲟⲛⲉϥ), n S. *stimulus*: ⲛⲁⲕ, ⲛⲱⲛⲉ S. *percutere, caedere*; ⲛⲁϩⲃⲉϥ M., ⲛⲁϩϥ und ⲛⲁϩⲃⲉϥ S., ⲛⲉϩϩⲉϥ B., n *jugum*: ⲛⲟϩⲉⲃ *currum jungere*, ⲛⲁϩⲃ, n S. *jugum*; ⲧⲱⲛϥ, n *resurrectio* (ⲧⲙⲟⲩⲛⲟⲩ *surgere*): ⲧⲱⲛ *surgere*; ϣⲟⲉⲧⲣϥ, ⲝⲁⲉⲧϥϥ, n *athleta*: ϣⲟⲉⲧⲣ S., ϣⲱⲧⲣ M., n Idem: ϣⲁⲣⲉ, ϣⲱⲱⲣⲉ *luctari* und -, n *luctatio, lucta*. ⲛⲟⲙϥ (ⲛⲟⲟⲛⲉϥ), n S. *pediculus*: ⲛⲓⲙ *movere, moveri* [74]); ⲉⲁϥϥ, n *terebra*: ⲉⲁϥ *scribere*, jedoch der Natur der Sache nach gewiss wie das griechische γράϕειν von allgemeinerer Bedeutung: *incidere, terere*; ⲛⲁϥϥ S. *vertex, scissum*: ⲛⲁϥ *scindere, scindi, rumpi*, ⲛⲱϥ, n *ruptura*; ⲙⲟⲝϥϥ, n S. (ⲙⲟⲝϥϥ ist doch wohl nur ein Schreibfehler) *cingulum, zona*: ⲙⲟⲝϥ, ⲙⲟⲩⲝϥ, n Idem (vgl. ⲙⲟⲝⲡⲉ, ⲉⲛ *torturae* §. 70); ⲟⲩⲟⲛⲉϥϥ, n (S. ⲟⲩⲟⲛⲉϥ, B. ⲟⲩⲁⲙϥ) *praesepe, stabulum*: ⲟⲛⲉ, n (mit Abschleifung des ersten Wurzellautes vgl. Anm. 40) *sepimentum*. Zuweilen ist das -ϥ nur dann bewahrt, wenn der Stamm in enger Zusammengehörigkeit mit einem andern auftritt, während er allein es bereits hat abfallen lassen. So ⲭⲁⲣⲱϥ, n *silentium*, S. ⲕⲁⲡⲱϥ und schon ⲕⲁⲡⲱ, n aus ⲭⲁ, S. ⲕⲁ *ponere* (vgl. ⲭⲁⲉⲃⲟⲗ, n *remissio*) und ⲣⲱϥ, was für sich allein nur als ⲣⲱ vorkommt: *demissio oris* d. h. *silentium*. Dass das -ϥ nicht etwa Suffixum sei, beweist die Bildung ⲁⲟⲣⲱϥ aus ⲁⲧ- und ⲣⲱϥ: „unmündig" *mutus*; ⲕⲁⲧⲟⲟⲧϥ, n S. „Handniederlegung" *relaxatio*; ⲉⲡⲣⲁⲧϥ und ⲉⲡⲛⲣⲁⲧϥ S. *dormitio pedibus extensis*: ⲉⲡⲣⲁⲧ S. *pedibus extensis dormire*, zunächst jedoch nur: *pedem extendere* und erst dann, weil dies die Lage der Schlafenden ist, *in dieser Lage schlafen*. Wäre das -ϥ Suffixum, so hätte es sich gewiss eher am verbalen als, im Gegensatz zu diesem, am nominalen Ausdruck erhalten; ausserdem ist es als vocalischer Rest noch in der Bildung ⲟⲩⲉⲣⲏⲧ erhalten, in welcher auch noch der erste Wurzellaut vorhanden ist; gerade das ⲟⲩ schleift sich in dieser Stellung häufig ab (vgl. oben ⲟⲩⲟⲛⲉϥϥ: ⲟⲛⲉ und Anm. 40). ϣⲁⲛⲉⲧϩⲏϥ, ⲟⲩ S. *misericors*: ϣⲉⲛϩⲏⲧ, n *tristitia* und B.: *tristis* und *misereri*; ⲟⲛⲉⲝⲱϥ, n *submissio* von ⲟⲛⲉ *submittere* und ⲝⲱϥ, sonst ⲝⲱ, *caput*. Nach Peyron *Lex.* p. 412 wäre -ϥ Suffixum und in der Stelle 1 Tim. III, 4 auf den Plural zu beziehen: gerade dies beweist aber, dass es nicht Suffixum ist. So heisst auch ϧⲟⲥϥ *avarus* nicht wie Peyron *Lex.* p. 325 vermuthet, eigentlich *fraudans se*: die Bildung ⲡⲉϥϧⲟⲥϥ § 59 beweist dies zur Genüge, neben welcher die jüngere mit nur vocalischem Rest der Hinterbaubildung und dagegen entwickeltem Vocale ⲡⲉϥϧⲱⲥⲉ gleichfalls vorkommt. Ferner ausser dem bereits erwähnten ⲁⲟⲣⲱϥ andere Composita mit ⲁⲧ-: ⲁⲧⲛⲟϣϥ *indivisibilis*: ⲛⲱϣ, n *divisio*, ⲛⲱϣ *frangere*; ⲁⲧⲥⲟⲛⲧϥ und auch schon ⲁⲧⲥⲟⲛⲧ *increatus*: ⲥⲛⲧ, ⲥⲱⲛⲧ *creare*, ⲥⲱⲛⲧ, n *creatio*; ⲁⲧϣⲟⲧϥ n S. *invulneratus*: ϣⲉⲧ, ϣⲁⲧ, ϣⲱⲱⲧ *secare, caedere*, ϣⲱⲧ, n *incisio*. Hierher gehört auch das Wort ⲡⲉϥ-, welches jetzt nur in enger Zusammengehörigkeit mit einem andern Stamm vorkommt §. 55: es ist der Stamm ⲡ, der seinen Stützvocal bald vor, bald nach setzt und im ersteren Fall in der Bildung ιρι, ειρε in dem Schlussvocal noch den Rest dieser alten Hinterbaubildung bewahrt hat. ρεq kommt nur noch in der nominalen Richtung des Begriffs vor und steht dem sich gleichfalls in dieser Richtung bewegenden ρε ganz gleich, weshalb auch beide vertauscht werden können, z. B. ϥρεϥϣοωιντ und ϥρεϣοωιτ „Dreimachung", „Dreitheilung" und als Concretum „Dreitheil", „Drittel", und dieselbe Bedeutung bietet auch die Bildung ηιτϲρεϣοωεητ §. 51. 5S Anm. 2 dar.

28 b. Reste der Hinterbaubildung -p. Im Hierogl. heisst es noch NTR Champollion Gr. Eg. p. 65, auf welches -p der vocalische Rest des coptischen ηοτϥ, ηοτϥε deus noch hinweist; ESR, OSR Ch. l. c. p. 88, noch erhalten im Coptischen in ϣεηοϲι arbor tamariscus; NFR, noch im Copt. M. ηοϥρι, S. ηοϥρε, ηοϥρε, B. ηαϥρε, woneben S. schon ηοτϥε (mit verlängertem Vocal als Ersatz für die abgefallene Hinterbaubildung) bonus; MSXR Ch. p. 92: ωωρϣ, η M. (S. ωωϣε) auris; XHR Ch. p. 76 four, fournau: ϭερε accendere, ϭοτρ, η favilla. Im Copt. selbst hat sich dies -p zuweilen noch dann erhalten, wenn das Nomen im Plural steht, so dass also die vollere Form dem reicheren Sinn entspricht, während der Singular den nackten Stamm zeigt. So ϩοωρ, ϩαη equi; ϩτο, η equus (hier. HTR equus Ch. p. 63); der Uebergang zeigt sich in αϩορ (αϩωρ, αϩωωρ), ϩαη thesauri, wovon die Form ohne das -p: αϩο, η gleichfalls schon für den Plural (αϩο, ϩαη) gebraucht wird. ϩοηερ famelicum esse (hier. HKR fames Ch. p. 63): M. S. ϩηο, B. ϩηα, η fames und ϩηα famelicum esse. In τωωϭρ claudere und obturari ist das -p an einem sich nur noch in verbaler Richtung des Begriffes bewegenden Stamm erhalten[10]); ebenso in ωρϫερ neben ωρϫ claudere, munire, ωρϫ, η firmitas; ϲροτρ S., ϲροτερ, ϲροτωρ M. maledicere und mit der alten Participialbildung §. 34 ϲροτορτ, ϲροτωρτ, welches wiederum die Bedeutung des Verbum finitum darbietet §. 22 maledicere und maledici: ϲαροτ idem; ϩροτρ: ϩερι sedare, sedari (vgl. ϩοτρωοτ §. 35 quietum esse); vgl. die Participialbildungen ϲωαρωοττ (: ϲωοτ) und ωεηριτ (: ωεηρε: ωε). In Stämmen nominaler Richtung ist es erhalten in ϣτοϫερ capistrum neben ϣτοϧ, welches in verbaler Richtung als ϣτεϧ obturare os capistro bedeutet; αϧϥ und αϧρε, η S. calamus: αϧι, αχι, η M. idem; αηωρι oder αϧωρ und αϧορι, η serpens: der Stamm, welcher ursprünglich auch verbale Bedeutung hatte wie sie in der That noch in ταϧο perdere sich erhalten hat, findet sich noch in αϧω, τ perditio, aber auch res perdita, und schloss sicher auch den Begriff des persönlichen Nomens in sich: perditor, ein für die Schlange gewiss passender Name (vgl. oben ϣοτρϥ turbator für accipiter Anm. 27); αϧρο S.: αϧο M. cur. Hierher gehört auch das von Peyron Lex. p. 280 aus Plut. de Iside erwähnte ϲαιϧοι festivitates: der Stamm findet sich noch in ϣα, η S. dies festus[11]).

29 c. Reste der Hinterbaubildung -n. Hierogl. HSMN Champ. Gr. Eg. p. 62 wird coptisch ϩοϲωη nitrum. Copt. ϧαρακοη, η: die Bildungen البورق borax zei-

gen, dass das -n nicht stammhaft ist, sondern allein dem Coptischen angehört: ⲙⲉⲗⲉⲭⲓⲛ, ⲛ ist wohl kaum ein anderes Wort als *milxus securis* und so gehört auch hier das -n der coptischen Bildung an. ⲅⲛⲧⲉⲛ *pollex* bildet den Plural ⲅⲛⲧⲟⲩ §. 46, woraus erhellt dass das -n nicht zum Stamm gehört. ⲥⲟⲧⲉⲛ, ⲛ *pretium*: ⲁⲥⲟⲩ, ⲧ idem; ⲛⲓⲃⲉⲛ: B. ⲛⲓⲃⲓ, wo für das -n der vocalische Rest erhalten ist, aber auch schon ⲛⲓⲙ M. S. B. *quis, omnis*[26]).

d. Reste der Hinterbaubildung -ⲧ. Dieses -ⲧ geht häufig in -ⲥ und vermittelst dieses in -ϣ über, welcher Lautwechsel im Coptischen öfters wiederkehrt, vgl. Schwartze, *K. Gr.* §. 306, S. 275. So lautet derselbe Stamm im B. ⲉϥⲉⲧ- vor Suffixis im S. in gleichem Falle ⲉϥⲁⲓⲥ-, wie denn überhaupt gerade vor den Suffixis des in verbaler Richtung sich bewegenden Stammes dieses ⲧ häufig erhalten ist während es sich im nackten Stamm bereits abgeschliffen hat, sei es zu dem vocalischen Rest, sei es ganz. — 1. Stämme welche das ⲧ in nominaler und verbaler Richtung des Begriffs bewahrt haben: ⲏⲡⲉ, ⲛ *numerus* und ⲏⲡⲉ *numerare*: um mit verlängertem Vocal statt der abgefallenen Hinterbaubildung, welcher sich sogleich wieder verkürzt sobald ein Suffixum antritt, da ein solches in lautlicher Hinsicht dieselbe Wirkung auf den Stammes ausübt wie eine Hinterbaubildung dieser Gattung (Anm. 22): oⲡ-, *numerare* und ⲱⲡ, ⲛ *computus, ratio*; ⲕⲣⲙⲉⲥ, ⲕⲉⲣⲙⲉⲥ, ⲛ S. *cinis*: B. ⲕⲣⲙⲓ, ⲛ: S. ohne den vocalischen Rest und mit verlängertem Vocal ⲕⲁⲡⲙⲁ, ⲛ *fumus*; die verbale Bedeutung des Stammes tritt noch in der Bildung ⲉⲧⲕⲣⲙⲣⲱⲙ *niger* hervor, welche Vorderbaubildung ⲉⲧ- nur von der verbalen Richtung des Begriffes ausgehen kann §. 57; vgl. ⲕⲣⲙⲧⲥ, ⲛ §. 34; ⲁⲙⲁϩⲧⲉ, ⲛ S. *potentia, robur* und verbal *apprehendere, praevalere*: ⲁⲙⲁϩⲓ M. ⲁⲙⲁϩⲓ B. in beiderlei Richtung je gleicher Bedeutung; ϣⲓⲃⲧ, ⲛ *mutatio*, verb. *mutare*: ϣⲓⲃⲓ nom. und verb. idem; M. ⲥⲱⲛⲧ, ⲛ *vicinia*, ⲥⲉⲛⲧ, ⲥⲱⲛⲧ, S. ϩⲉⲛⲧ, S. B. ϧⲱⲛⲧ *appropinquare, proximum esse*: ϧⲱⲛ, ϧⲱⲛ *appropinquare, proximum esse*; ϣⲟⲡⲥ, ⲛ *assumptio sc. hospitum*, daher *convivium* und verb. *assumere*: ϣⲉⲛ, ϣⲱⲡ idem; ⲥⲟⲡⲥ, ⲛ *oratio*, ⲥⲉⲡⲉ, ⲥⲟⲡⲉ, ⲥⲱⲡⲉ *orare*: der nackte Stamm kommt nur noch reduplicirt vor ⲉⲛⲥⲱⲡ, ⲥⲉⲛⲥⲱⲡ *rogare*; ϣⲓⲡⲓⲧ, ⲛ *pudor*, verb. *revereri, pudore affici* (B. ϣⲓⲡⲓⲧ): S. ϣⲓⲡⲉ, ⲛ *pudor*, verb. *erubescere*; ϫⲟⲥ M., ϫⲟⲟⲥ S., ⲛ *dictum*: ϫⲱ, ϫⲉ [31]) (B. ϫⲁⲥ, ⲕⲁⲁⲥ: ϫⲁ-, ϫⲁⲁ- vor Suff.). — 2. Stämme welche das -ⲧ in der nominalen Richtung bewahren, in der verbalen abschleifen. ⲟⲩⲟⲧⲥ, ⲛ und auch schon ⲟⲩⲟⲧϥ, ⲛ *congregatio*: ⲟⲟⲩⲧ, ⲟⲟⲩⲱⲧ *congregare*; ⲕⲙⲧⲟ, ⲕⲙⲧⲟ, S. ⲕⲓⲙⲧⲟ, ⲛ *terrae motus*: ⲕⲓⲙ *movere*; ϥⲁⲧⲃⲉⲥ *vulneratus*, woneben die Femininbildung ϥⲁⲧⲁⲥⲥ, ϥⲟⲧⲁⲥⲥ, ⲧ *occisio* §. 37 von demselben Stamm: ϥⲱⲧⲉⲃ *occidere*. — 3. Stämme welche nur in der verbalen Richtung das -ⲧ bewahren: ϭⲉⲛⲧ, ϭⲓⲛⲉ: ϭⲛ, ϭⲉⲛ *invenire*; ⲗⲟⲙⲉ *marcescere*, vgl. ⲗⲟⲙ, ⲛ *sordes*; ⲧⲏⲓⲥ, ⲧⲏⲓ, ⲧⲓ, ϯ *dare*; ⲧⲟⲩⲛⲉⲥ S., ⲧⲟⲩⲛⲁⲥ B., ⲧⲟⲩⲛⲟⲥ S. M.: ⲧⲟⲩⲛ, ⲧⲱⲛ *surgere*[37]); ⲙⲏⲣⲓⲥ, ⲛ §. 55 *mustum*: ⲃⲉⲣⲓ *novus*, ⲉⲣϩⲉⲣⲓ *novum esse*. Hierher gehören auch die Formen welche

Schwartze K. Gr. §. 365, S. 309 anführt. Ferner noch ⲉⲧ: ⲱ gravidam esse. In ⲱ übergegangen findet sich das ⲧ in ⲉⲟⲕϩⲉϩⲟⲗ M. signo crucis munire: ⲧⲟⲕⲥ S. signare, pungere: ⲧⲉⲕ, ⲧⲟⲕ signare. — Sehr selten nur hat sich diese Hinterbaubildung, ganz oder schon zum Vocal abgeschliffen, an der reduplicirten Form des Stammes, als einer jüngeren Bildung der Sprache, erhalten wie in ⲧⲉⲛⲟⲩⲱⲧ similem esse: ⲧⲉⲛⲟⲩⲱⲧⲛ comparare: ⲧⲉⲛⲟⲩⲱⲛ idem; ⲃⲣⲃⲟⲣⲧ, ⲃⲣⲃⲣⲉⲧ ebullire; ⲥⲁϩⲥⲁϩⲉ, woneben schon ⲥⲁϩⲥⲁϩ und ⲥⲁϩⲥⲛϩ cicer; vgl. Schwartze, Kopt. Gr. §. 8 S. 321. 322 [33]).

31 Alle diese im Laute verschiedenen unter sich aber gleichartigen Hinterbaubildungen hinterlassen bei ihrem Abfallen einen vocalischen Rest, wie sie denn selbst wohl in der Regel mit einem kurzen Vocal gesprochen worden sein müssen, welcher der allgemeinen Regel (§. 12) zufolge bald vor bald hinter sie treten konnte; dies letztere war z. B. der Fall bei ⲛⲟⲩⲣⲉ, ⲁϥⲣⲉ neben ⲁϥⲣ̄ §. 28. Dieser vocalische Rest lautet in der Regel M. ⲉ, S. ⲉ, doch kommen auch ⲁ und ⲟ vor. In den meisten Fällen hat sich wo diese ältere Form noch vorhanden ist, zugleich der ältere kurze Vocal erhalten; da jedoch die ursprüngliche Bedeutung dieser Bildung verloren gegangen und sie selbst wirkungslos geworden ist, so entwickelt sich auch schon oft die vocalische Aussprache so als ob diese Endung mit zum Stamm gehörte, wie wenn es neben ⲁϩⲟⲡ auch schon ⲁϥⲱⲡ und ⲁϥⲱⲱⲡ heisst §. 28. Was nun die Bedeutung dieser Hinterbaubildungen und im Zusammenhang damit ihre Ursprünge betrifft, so lässt sich nichts Entscheidendes darüber sagen, da ihre Wirkung auf die Bedeutung, falls eine solche wie zu vermuthen dagewesen, verloren gegangen ist. Aus der Analogie anderer Sprachen lässt sich annehmen, dass die angehängten Laute ursprünglich auch selbständige Wörtchen und zwar wohl Pronominal- oder gleichfalls Nominal- und Verbalstämme gewesen sind, wofür das pronominale -ϥ, das demonstrative ⲛ-, sowie die sehr kurzen Stämme ⲉⲡ, ⲉⲛ, † Vergleichungspunkte darbieten. Jedenfalls ist aber als charakteristisch für sie zu beachten, dass diese Hinterbaubildung an den Stamm sowohl in der nominalen als auch verbalen Richtung seines Begriffes tritt und dass alle derartigen Nomina männlichen Geschlechtes sind, woraus umgekehrt folgt, dass alle Nomina welche noch einen vocalischen Rest zeigen und männlich sind, eine derartige Hinterbaubildung besessen haben mögen, in welcher der Grund für ihr männliches Geschlecht zu suchen ist. Da nun aber auch diese vocalischen Reste oft abfallen und daher auch da abgefallen sein mögen, wo eine parallele sie noch aufweisende Form nicht mehr vorhanden ist, so spricht die Analogie dafür, dass überhaupt die Nomina männlichen Geschlechts eine derartige Hinterbaubildung gehabt und in dieser den Grund für ihr Geschlecht haben. Ob diese Wirkung auf das Geschlecht dieser Art von Hinterbaubildungen wesentlich zugehört d. h. ihrer Eigenthümlichkeit entspringt oder nur zufällig verbunden ist, so dass die nächstliegende Form für das nächstliegende Geschlecht benutzt

wäre, ist um deswillen nicht mehr zu entscheiden, weil gerade ihre ursprüngliche Eigenthümlichkeit für uns im Dunkeln liegt; für das letztere spricht, dass sie auch an dem Stamme in seiner verbalen Richtung vorhanden sind. Das Factum ist aber gewiss, ebenso wie die Nothwendigkeit eines solchen, da in der Sprache wie überhaupt Nichts, so ganz gewiss nicht ein so wesentlicher Punkt wie die Geschlechtsbildung willkürlich sein kann. Diese selbst hat freilich ihren tieferen Grund in der besonderen Anschauungsweise des sprachbildenden Volkes, welche gleichfalls in keinem einzigen Falle willkürlich zu Werke geht; diese aber zu verfolgen gehört nicht hierher, es genügt vielmehr für diese Untersuchung der Grund: dies Nomen ist männlich, weil es auf eine solche Hinterbaubildung zurückzuführen ist. Dass Hinterbaubildungen anderer Art, namentlich die des Femininums, einen ganz gleichen vocalischen Rest zurücklassen und im weiteren Fortgang der Sprache in ganz gleicher Weise diesen aufgeben, ändert die Sache nicht; es ist ein auch in andern Sprachen vorkommender Fall, dass ein paralleler Entwicklungsgang aus ursprünglich verschiedenen Bildungen äusserlich gleiche Formen zur Folge hat [21]).

2. Eine zweite Gattung von Hinterbaubildungen macht das Participium aus, 32 diese Bildung welche trotz ihrer nominalen Richtung dennoch nicht ganz aus den Grenzen der verbalen Bedeutung herausgeht und somit gerade in einer Sprache, in welcher der Stamm überhaupt noch nicht von vornherein durch seine Form als Nomen oder Verbum auftritt, sehr frühe zu einer besonderen äusseren gleichmässigen und für die Bedeutung die gleichmässige Wirkung hervorbringenden Gestaltung kommen konnte. Somit ist auch durch diese Bildung noch nicht die Trennung zwischen nominaler und verbaler Richtung (beide sind vielmehr im Participium verbunden) entschieden ausgesprochen, wie sie es auch durch die Hinterbaubildungen der ersten Art noch nicht war. Um so leichter zu begreifen ist wie diese Bildung ihre nominale Richtung der Bedeutung so ganz wieder aufgeben konnte, dass sie gleich einem einfachen Stamm als Verbum finitum behandelt werden kann und in Folge davon, wenn sie die Participialbedeutung behalten will, diese nach der Weise des Vorderbau's erst wieder neu bilden muss, so dass die alte Bildungsweise für die Bedeutung ganz wirkungslos ist, diese vielmehr nur durch die Vorderbaubildung hervorgebracht wird vgl. §. 22. Die eigentliche Bedeutung der Participialbildung besteht somit darin dass sie die verbale Richtung des Begriffs ohne sie ganz aufzugeben in eine nominale umwandelt d. h. dass sie als das woran die Handlung hafte »nicht eine bestimmte Person der drei wohl unterschiedenen ich du er (wie das Verbum), sondern nur überhaupt eine Person« setzt (vgl. Ewald, *H. S. L.* §. 166 b) [23]). Alle anderen den Begriff betreffenden Modificationen liegen nicht in der Participialbildung sondern im Stamme selbst; wo sie daher nicht an diesem hervortreten, sind sie auch nicht durch das Participium als solches ausgesprochen. So ist es im Copt.; im Semitischen, besonders im Arabischen, tritt das gegentheilige

Verhältniss sehr deutlich hervor: hier liegt die Participialbedeutung in dem vortretenden ⲙ-, während die Modificationen des Begriffes in dem Stamm selbst durch dessen consonantische und vocalische Umbildung ihren Ausdruck finden. Im Coptischen ist daher keine Participialbildung als solche activer oder passiver Bedeutung: vereinigt der Stamm diese beiden Begriffsmodificationen ohne Formveränderung in sich wie es im Coptischen häufig der Fall ist und ursprünglich immer sein konnte, so thut es das Participium auch, obgleich im Gebrauch der Sprache vielleicht nur die eine oder die andre Begriffsmodification desselben uns noch erhalten oder die Participialbildung überhaupt wieder ganz in die Bedeutung des Verbum finitum zurückgetreten ist.

33   Die älteste Form der Participialbildung ist offenbar -ⲟⲧⲧ, welche sowohl mit dem mittelländischen -ta als auch dem türkischen -uk verwandt ist, da t und k häufig miteinander wechseln (vgl. Ewald, Spr. Abh. II S. 17 Anm. 9). Diese Endung -ⲟⲧⲧ wird, da sie den Haupton des Wortes auf sich zieht (Anm. 16), durch einen vorhergehenden Vocal getragen, welcher sich frühe gedehnt haben muss und als ⲱ oder ⲟⲩ auftritt z. B. ⲉϥϩⲧⲛⲕⲟⲧⲧ eigentlich *qui decumbit: decumbens* von dem Stamm ϩⲧⲟ *decumbere*; ⲧⲁⲭⲣⲏⲟⲧⲧ *firmatum esse*: ⲧⲁⲭⲣⲉ *firmare*; ϣⲉⲃⲓⲛⲟⲧⲧ: ϣⲉⲃⲓⲉ *mutare*; ⲕⲉⲛⲓⲱⲟⲧⲧ *pinguem esse*: ⲕⲉⲛⲓ *pinguescere*; ϩⲓⲱⲟⲧⲧ: ϩⲉ *cadere*. Diese Bildung tritt auch an einen Stamm mit einer Hinterhaubildung der ersten Gattung: ⲥⲙⲁⲣⲱⲟⲧⲧ *benedici*: ⲥⲙⲟⲩ *benedicere*; vgl. ⲉϧⲟⲧⲟⲣⲧ und ⲙⲉⲛⲣⲓⲧ §. 34 Ende. Andrerseits konnte aber auch eine solche Hinterhaubildung (vgl. §. 34) sowie die noch zu besprechende des Femininums an die Participialbildung treten, wie denn ⲃⲉⲣⲉϭⲱⲟⲧⲧⲥ, ⲧ und mit Abwerfung der Hinterhaubildung ⲃⲉⲣⲉϭⲱⲟⲧⲧ, ⲧ *currus* nichts anderes ist als das Femininum des Participiums von dem Stamme ⲃⲣϭ, welcher *celeriter vehi* bedeutet und daher auch zur Bezeichnung des *Blitzes* dient: ⲃⲣⲏϭⲉ, ⲧ M., ⲥⲃⲣⲏϭⲥ, ⲧ S. (vgl. ⲙⲉϥⲣⲉϫⲓ §. 55), und ⲟⲧⲁⲙⲉⲧⲓ, ⲧ *cancer* γάγγραινα das verkürzte Participium §. 34 mit der gleichfalls verkürzten Femininbildung §. 38 vom Stamm ⲟⲩⲱⲙ *consumere*.

34   Diese volle Endung unterliegt jedoch, ehe sie sich ganz abschleift, einer doppelten Verminderung: entweder giebt sie das ⲟⲩ oder sie giebt das -ⲧ auf[36]). Ersterer Fall tritt z. B. so ein, dass neben dem §. 33 bereits angeführten ϣⲉⲃⲓⲛⲟⲧⲧ auch ϣⲉⲃⲓⲛⲧ mit der gleichen Bedeutung *mutare* vorkommt. So ⲥⲉⲃⲧⲱⲧ *parare* und *parari* von dem Stamm ⲥⲃⲧⲉ *parare* oder mit noch weiterer Verkürzung ⲉϥⲥⲉⲃⲧⲱⲧⲉⲃⲟⲗ *qui peculiari modo praeparatus est*; neben M. ⲥⲙⲛⲕⲟⲧⲧ kommt M. B. ⲥⲉⲙⲛⲏⲧ und M. ⲥⲙⲛⲧ vor, vom Stamm ⲥⲙⲛ *constituere*; ϩⲁⲗⲏⲧ, ⲛ *aris* ist nichts anderes als eine solche Participialbildung von ϩⲱⲗ *volare*: *volans*; ⲟⲧⲣⲧ, ⲛ *custos* vom Stamm ⲟⲩⲣⲡ *custodire*, wovon sich auch noch ⲟⲧⲉⲣϣⲓ, ⲧ §. 37 findet; ⲟⲧⲁⲙⲉⲧⲓ, ⲧ *cancer*, γάγγραινα vom Stamm ⲟⲩⲱⲙ *consumere* vgl. §. 33; ⲉⲧⲕⲧⲟⲉⲓⲧ S. (es ist S. für M. ⲓ und entspricht diesem im Werth[37])) *circumdans* von ⲕⲟⲧ *ringere*

ⲥⲧⲙⲏⲧ *obediens* von ⲥⲱⲧⲙ *audire, obedire* [26]); ⲥⲟⲧⲃⲏⲧ *circumcisus* (und *circumcidi*) das ist *decens, honestus:* ⲥⲃⲃⲓ, ⲥⲟⲣⲃⲓ *circumcidere;* ⲉⲧⲥⲙⲁⲁⲧ *benedictus;* ⲥⲙⲟⲩ (vgl. die oben erwähnte Bildung ⲥⲙⲁⲣⲱⲟⲩⲧ §. 39); ⲉⲧⲅⲣⲁⲉⲓⲧ *famelicus* vgl. ϩⲟⲕⲉⲣ §. 28; ϩⲟⲩⲓⲧ: der welchem das *eins* sein in besonderer Weise eigen ist d. h. *primus*, vgl. הָיָה הָאֶחָד ὁ εἷς = ὁ πρῶτος; der Stamm ist ⲟⲩⲁ, welches ursprünglich ϩⲟⲩⲁ lautete und sich auch in verbaler Richtung bewegte, wie noch die gleichfalls participiale Form ⲟⲩⲱⲧ zeigt; diese ist noch vorhanden in ⲟⲩⲱⲧ (gleich ⲧⲣⲟⲩⲱⲧ, worin das stammhafte ϩ als ganz sicher noch hervortritt) und ⲟⲟⲩⲏⲧ, für welche letztere Form auch ⲟⲟⲩⲛⲟⲩ *congregatus* erscheint, und welchen beiden Formen ein ursprüngliches ⲟⲟⲩⲛⲟⲩⲧ zu Grunde liegen muss. In der Form ⲟⲟⲩⲱⲧⲥ für ⲟⲟⲩⲱⲟⲩⲧⲥ ist das -ⲥ theils Hinterbaubildung der ersten Gattung: alsdann ist es ein männliches Nomen und bedeutet allgemein *congregatio;* theils Femininbildung und dann ist ⲟⲟⲩⲱⲧⲥ ein Nomen femininum welches eine besondre Art von Vereinigung, *secta, religio,* bedeutet §. 77; ϩⲟⲣⲓϭ, ⲛ *visus:* der Stamm ist ϩⲣ, vgl. ϩⲣⲁ, ⲛ *facies, vultus;* an das Participium ist die Hinterbaubildung erster Gattung getreten §. 33. Diese tritt aber auch an den einfachen Stamm, wo sie jedoch, wie auch sonst oft ϥ und ⲃ wechseln, in ⲃ übergegangen ist; ϩⲣⲃ, ⲛ S *forma, phantasma,* M. ⲭⲉⲣⲉⲃ. Gleichfalls eine Hinterbaubildung erster Gattung tritt im Participium hervor an ⲕⲣⲙⲧⲥ, ⲛ S. ⲭⲣⲙⲧⲥ M. *fumus* von dem in ⲕⲣⲙⲣⲱⲙ erhaltenen Stamm ⲕⲣⲙ *nigrum esse* vgl. §. 30, während die Form der an den Stamm selbst antretenden Hinterbaubildung ⲕⲉⲣⲙⲉⲥ, ⲛ die Bedeutung *cinis* darbietet; ferner an ϫⲏⲧⲥ *summitas, vertex,* dessen Stamm jetzt nur noch in nominaler Richtung theils mit der Hinterbaubildung erster Gattung ϫⲟⲧ, ϫⲱⲧ, ⲛ, theils ohne dieselbe ϫⲟ, ⲛ in der Bedeutung von *conspectus, facies,* jedoch auch *initium, principium,* existirt; über das von demselben Stamm gebildete Femininum ϫⲏ, ⲧ vergl. §. 42; sodann an ⲥⲥⲙⲛⲏⲧⲥ (S. ⲥⲙⲛⲧⲉ) *convenire, pacisci* nur in verbaler Richtung. Die verkürzte Participialbildung angehängt an den durch die Hinterbaubildung erster Gattung vermehrten Stamm §. 33 findet sich bei ⲥϩⲟⲩⲟⲣⲧ neben ⲥϩⲟⲩⲱⲣⲧ *maledici,* ⲉⲧⲥϩⲟⲩⲟⲣⲧ *maledictus:* ⲥϩⲟⲩⲣ S., ⲥϩⲟⲩⲉⲣ M. ⲥϩⲟⲩⲱⲣ S. M.: ⲥⲁϩⲟⲩⲓ, ⲥⲁϩⲟⲩ S. *maledicere;* ⲙⲉⲛⲣⲓⲧ M. ⲙⲉⲣⲓⲧ S. ⲙⲉⲗⲓⲧ B. *dilectus* und *diligere:* ⲙⲉⲓ, ⲙⲉ *diligere*.

Der zweite Fall, dass sich das ⲧ abschleift während das ⲟⲩ bleibt, findet sich noch neben der volleren Form: ⲧⲁϫⲣⲟⲟⲩⲧ: ⲧⲁϫⲣⲏⲩ von ⲧⲁϫⲣⲉ *firmare;* ⲉⲧⲕⲧⲏⲟⲩⲧ M. *qui obvoluti sunt,* ⲉϥⲕⲧⲏⲩ S. *qui conversus est,* ⲛⲧⲏⲩ *conversum esse;* ⲧⲟⲩⲃⲏⲟⲩⲧ M. ⲧⲥⲃⲏⲟⲩⲧ B.: ⲧⲉⲃⲏⲩ B. *justificari:* ⲧⲟⲩⲃⲟ, ⲧⲉⲃⲁ B. *mundare, purificari;* ⲉⲥⲁϩⲓⲱⲟⲩⲧ M. *quae non lota est,* ⲉⲧⲁϩⲓⲱⲟⲩ *qui sordidi sunt:* ϫⲱ *lavare.* Ohne eine daneben vorhandene vollere Form: ⲉⲧⲥⲏⲛⲟⲩ *reprobus:* ⲥⲁⲧ *jacere;* ⲛⲏⲟⲩ M. B. ⲛⲏⲩ S. *ire:* ⲛⲁ *ire;* ⲥⲛⲟⲩ *potari, irrigari:* ⲥⲉ *bibere;* ⲥⲛⲟⲩ *satiari,* ⲉⲧⲥⲛⲟⲩ *satiatus:* ⲥⲥⲓ, ⲥⲓ *satiari;* ⲟⲩⲛⲟⲩ §. 34; ⲁⲥⲓⲟⲩ M. ⲁⲥⲓⲟⲩ S. *levis:* ⲁⲥⲓⲁⲓ M. ⲁⲥⲁⲓ S. *levis fieri;* ⲭⲥⲓⲱⲟⲩ *abjectus:* ϫⲱⲃ *infirmus,* was sich gewiss auch in verbaler Richtung bewegte; ϥεριωογ *splendidus*: ϥερι *splendere*; ϣογωογ M. ϣογοογ S. *siccum esse*: ϣωογι M. ϣοογι S. *siccum esse* und so auch ϩρωογ (von ϩρ) *stillare*; ϫωογ, ϯ *generatio* von ϫο *serere*.

30   3. Eine dritte Gattung von Hinterbaubildungen ist in der alten noch restweise erhaltenen Bildung des Weiblichen welche an das Ende des Wortes tritt, vorhanden. Mit ihrem Auftreten ist zuerst die Richtung des Begriffes unabänderlich als eine nominale bestimmt, da das Weibliche als das charakteristische Merkmal einer Person oder sprachlich übertragen auch einer Sache naturgemäss immer ein Nomen als seinen Träger voraussetzt, es sei denn dass es statt überhaupt die Persönlichkeit zu charakterisiren selbst eine solche im Gegensatz zu anderen im Pronomen wird; wir haben uns hier mit dem ersteren Fall zu beschäftigen. Für die Anwendung des Femininums im Coptischen ist es wichtig, dass es zur Bezeichnung des neutralen Begriffes dient, was mancherlei Bildungen erklärt. Dasselbe geht hierin weiter als das Semitische, welches das Femininum nur vorzugsweise für das Neutrum an wendet, vergl. Ewald, *H. S. L.* §. 172. Im Plural hört die formale Unterscheidung von Masculinum und Femininum auf, so dass die eine Form auch den neutralen Begriff in sich schliesst.

37   In der ältesten Form der Bildung des Weiblichen am Nomen zeigt sich wieder die uralte Verwandtschaft des Coptischen mit dem Semitischen: sie besteht in einem -t mit einem kurzen Vocal, welcher nach coptischer Eigenthümlichkeit vorausstehen und nachfolgen kann. Diese älteste Form ist jedoch nur selten erhalten wie ϩορϩτ, ϯ *taciturnitas* vom Stamm ϩορϩ oder ϩροϩ *quiescere*; ϩωιρτ und ϩρωτ, ϯ vom Stamm ϩρ, der in ϩρωογ sich wiederfindet §. 35, *stillare*, daher *stillatorium*, *torcular*. Regelmässig erscheint dies -τ noch in ⲙⲉⲛⲧ- §. 61, weshalb alle damit gebildeten Nomina weiblich sind. Häufig geht es wie überhaupt das Schluss-t (vgl. §. 30) in ⲥ und weiter in ϣ über: ⲥορⲙⲉⲥ, ϯ S. *error* (vgl. ⲥⲱρⲙ, ϯ *error* §. 69); ⲙⲟⲧⲛⲉⲥ, ϯ S. *requies* von ⲙⲟⲧⲛ oder ⲙⲧⲟⲛ §. 70; ϫορϫⲥ, ϯ (S. ϭⲟⲣϭⲥ, ϯ) *laqueus, insidiae, venatio* §. 69; ⲃⲁϩⲥⲓ M., ⲃⲁϩⲥⲉ S., ⲃⲉϩⲥⲓ B., ϯ *vacca*; ⲛⲁϩⲣⲉ, ϯ *spuium* §. 71. Das ϣⲁ findet sich in ⲟⲧⲣϣⲓ, ϯ *custodia* §. 34.

38   Weiterhin schleift sich auch der ursprünglich wesentlichere Theil der Endung, der Consonant, ab und es bleibt als Rest zunächst noch der kurze Vocal übrig, wie z. B. neben ⲧⲉⲃⲉ, ϯ *sigillum* ⲧⲉⲃⲃⲉ, ϯ *annulus signatorius* steht, welche verschiedenen Formen der weiblichen Bildung zur Auseinanderhaltung verschiedener Modificationen desselben Grundbegriffs hier wie auch sonst zuweilen angewandt worden sind [17]).

39   Aber auch der so häufig noch vorhandene vocalische Rest fällt schliesslich ganz ab, so dass der Entwicklung der Sprache gemäss die Hinterbaubildung ganz aufhört. So steht neben ϭⲟⲡⲛⲉ, ϯ bereits ϭⲟⲡⲛ, ϯ *vola manus*; S. ⲟⲓⲙⲉ, ϯ: ⲟⲓⲙ, ϯ *hamus*; M. ϫⲟⲓ, ϯ: S. ϫⲟ, ϯ *murus*; ⲕⲏⲩ, ϯ: ⲕⲏ, ϯ *numerus*. Daher braucht

ϣⲱⲙ neben ϣⲱⲙⲙⲓ, ⲧ *socrus* kein Druckfehler zu sein wie Schwartze K. G. S. 304 vermuthet. Bei anderen ist eine vollere Form in gleicher Bedeutung gar nicht mehr vorhanden: ⲥⲟϥ, ⲧ *stultitia*; ⲧⲁϥ, ⲧ *massa*; ϥⲟⲧ, ⲧ *aetas*; ⲧⲟⲙ, ⲧ *vis*; ⲕⲟⲥ, ⲕⲱⲥ, ⲧ *sepulcrum*; ϩⲃⲥ, ⲧ *vestimentum*; ϣⲗⲁ, ⲧ *comminutio*.

Wo der Stützvocal das Wort schliesst, verschmilzt entweder die vocalische Endung §. 38 mit ihm, woraus ein langer Vocal entsteht, oder sie fällt §. 39 ganz ab, so dass der Stützvocal kurz bleibt oder seine ursprüngliche Kürze wieder hervortritt. So ⲟⲣⲡ, ⲧ: ⲟⲣⲉ, ⲧ *cibus*; ϩⲃⲥⲱ, ⲧ: ϩⲃⲥⲟ, ⲧ *vestis*; S. ϩⲃⲱ, ⲧ: ϩⲃⲟ, ⲧ *vipera*; ⲟⲩⲣⲱ, ⲧ: ⲟⲩⲣⲟ, ⲧ *regina*; S. ⲙⲉⲉⲓⲱ, ⲧ: ⲡⲉϥⲙⲉⲉⲓⲟ, ⲧ §. 58 *obstetrix*. Ebenso nehmen die auf einen kurzen Vocal endenden Adjectiva zur Unterscheidung des Weiblichen noch nach dem Gesetze des Hinterbau's die Femininbezeichnung an und verlängern in Folge davon ihren Schlussvocal, oder sie entsagen ganz der Hinterbaubildung des Weiblichen und bleiben daher unverändert. So ⲥⲁⲓⲉ *pulcher*: ⲥⲁⲓⲏ *pulchra*; ⲥⲁϩⲉ *doctus*: ⲥⲁϩⲏ *docta*; M. ⲟⲉϣⲉ *vicinus*: ⲟⲉϣⲏ *vicina*, während S. ⲧⲉϣⲉ bereits masc. und fem. ist; ebenso M. ⲃⲉⲗⲗⲉ *caecus*: ⲃⲉⲗⲗⲏ *caeca*, aber S. ⲃⲉⲗⲗⲉ masc. und fem. In diesem letzteren Falle folgt der kurze Schlussvocal auch wohl dem allgemeinen vocalischen Entwicklungsgang und verlängert sich, so dass es neben M. ⲭⲁⲙⲉ für masc. und fem. auch ⲭⲁⲙⲏ masc. und fem. heisst, während das S. noch ⲕⲁⲙⲉ *niger* von ⲕⲁⲙⲏ *nigra* unterscheidet; ebenso M. ϩⲁⲉ (ϩⲁⲉ S.) *ultimus*: ϩⲁⲏ (ϩⲁⲏ) *ultima*, aber B. ϩⲁⲏ masc. und fem.

Bei den Nominibus welche zur Bezeichnung der Namen des natürlichen Geschlechtes dienen, ist im Masculinum häufig die gewiss ursprünglich auch hier vorhanden gewesene Hinterbaubildung erster Gattung ganz aufgegeben während für das Femininum die Endung irgendwie erhalten ist, da es naturgemäss das Femininum ist, an welchem die unterscheidende Bezeichnung hervortritt und sich länger erhält. So ϩⲙϩⲁⲗ, ⲛ *servus*: ϩⲙϩⲁⲗ, ⲧ *serva*; ⲙϥⲏⲣ, ⲙϥⲏⲣ, ⲛ *socius*: ⲙϥⲏⲣⲓ, ⲙϥⲏⲣⲓ, ⲧ *socia*; ϩⲓⲏⲃ, ⲛ *agnus*: ϩⲓⲏⲃⲓ, ⲧ *agna*. Der Stützvocal des Wortes hat keinen entscheidenden Einfluss auf die Kennzeichnung des Geschlechts; zuweilen ist er im Masc. kurz, im Fem. lang: ⲥⲟⲛ, ⲛ *frater*: ⲥⲱⲛⲉ, ⲧ *soror*; ϣⲟⲙ, doch auch ϣⲱⲙⲙⲓ, ⲛ *socer*: ϣⲱⲙⲧⲓ, ⲧ *socrus*; aber auch das umgekehrte Verhältniss tritt ein: ⲉⲟⲟϣⲉ, ⲛ *Aethiops*: ⲉⲟⲟϣⲓ, ⲧ *Aethiopissa*. Der Vocal kann sogar überhaupt ein anderer werden: S. ϭⲁⲙⲟⲩⲗ, ⲛ *camelus*: ϭⲁⲙⲁⲩⲗⲓ, ⲧ *camela*; ⲕⲟⲩⲣ *surdus*: ⲕⲁⲧⲣⲓ *sorda*. Es tritt eben auch hier die vocalische Entwicklung in ihr Recht, welcher sich das eine Wort rascher als das andre fügt, wobei jede einzelne Form ihre Selbständigkeit als besonderes Wort bewahrt. Seltener findet sich auch im Masc. ein Rest der Hinterbaubildung erhalten wie in ϣⲏⲣⲓ, ⲛ *filius* neben ϣⲉⲣⲓ, ⲧ *filia* (S. ϣⲏⲣⲉ, ⲛ: ϣⲉⲉⲣⲉ, ⲧ). Schliesst das Wort mit einem andern Vocal, so tritt der bereits oben erwähnte Fall der Verschmelzung desselben mit der Femininendung ein: ⲃⲉⲗⲗⲟ, ⲛ *senex*: ⲃⲉⲗⲗⲱ, ⲧ *anus*; ⲟⲩⲣⲟ, ⲛ *rex*, ⲟⲩⲣⲱ, ⲧ *regina*, woneben jedoch ⲟⲧⲣⲟ, ⲧ mit gänzlichem Abfall der Femininbildung vorkommt; ϣⲉⲙⲙⲟ, ⲛ *peregrinus*: ϣⲉⲙⲙⲱ, ⲧ *peregrina*; ⲙⲟⲩⲓ, ⲛ *leo*: ⲙⲟⲩⲏ, ⲧ *leaena*. Ist ein solches Wort keiner derartigen Veränderung fähig, so kann zur besonderen Hervorhebung des Geschlechtes ein dasselbe bezeichnendes Wort als nähere Bestimmung zu dem ersten den allgemeineren Begriff gebenden Wort hinzutreten §. 65: ⲁⲗⲟⲩϩⲱⲟⲩⲧ *infans masculus*, ⲁⲗⲟⲩⲥϩⲓⲙⲉ *infans femina* für *puer: puella*; ϣⲏⲣⲓϩⲱⲟⲩⲧ *filius*, was ein ϣⲏⲣⲓⲥϩⲓⲙⲉ *filia* bedingt; ⲉⲓⲁϩⲟⲟⲩⲧ S. *asinus*: ⲉⲓⲁⲥϩⲓⲙⲉ *asina*.

42   Schliesslich ist noch zu beachten die Femininbildung des verkürzten Participiums, aus welcher sich manche Wortformen erklären. So scheint ⲣⲙⲏ für ⲣⲙⲕⲟⲧⲓ zu stehen[¹], welches das verkürzte Participium §. 35 mit der Femininendung ist; die Bedeutung ist ursprünglich vom Stamm ⲣⲙⲉ *lacrimari: das Geweinte* §. 36, das ist *lacrima*. Meist ist das ⲓ ganz in das ⲙ aufgegangen; so in der Parallelform von ⲣⲙⲏⲓ: ⲣⲙⲓⲏ, in welcher der hier nach dem zweiten Radical stehende Stützvocal sich noch erhalten hat, vgl. unten ϩⲓⲏ; ⲗⲁⲕⲙⲏ, ϩⲁⲛ *frusta* kommt von ⲗⲁⲕⲙⲉ *frangere* (in ⲗⲁⲕⲙⲉ dagegen ist die Femininendung unmittelbar an den Stamm getreten und kann ganz abfallen nach §. 39 ⲗⲁⲕⲙ, ⲧ *fragmentum*); ϩⲏ, ⲧ „*risum*": *facies, cultus* vgl. §. 34.; ⲣⲁⲟⲩⲏ, ⲧ *congregatum*, „*das Vereinigte*": *vicinia* von ⲣⲁⲟⲩⲉⲓ *congregari, convenire*; ϩⲓⲏ, ⲧ *tritum*, *trita via* von ϩⲓ *terere*; ϣⲁϧⲏ von ϣⲁϧ: *deserta mulier*; ϩⲣⲱ, ⲧ von ϩⲣⲱⲟⲩ Anm. 39 *cumflatorium*.

43   4. Wie die Femininbildung macht auch die Bildung des Plurals den Stamm als in der nominalen Richtung seines Begriffes sich bewegend zweifellos kenntlich. Die Hinterbaubildung des Plurals tritt stets unmittelbar an den Stamm an und da, wie schon bemerkt, im Plural die sprachliche Unterscheidung des Geschlechtes aufhört §. 36, so wird vor der Pluralendung auch die Femininendung aufgegeben. Bis zur Ausbildung eines Duals hat sich das Coptische nie entwickelt, woran wiederum seine hohe Alterthümlichkeit im Gegensatz zum Semitischen und Mittelländischen hervortritt.

44   Auch die Endung des Plurals trifft mit der der semitischen Bildung zu Grunde liegenden -ûn (-in) oder -ân (Ewald, *H. S. L.* §. 177 *b*) zusammen: sie lautet in ihrer vollständigsten Form -ⲟⲧⲛ, hinter welchem ⲛ noch ein kurzer Vocal als Träger der Aussprache lauten kann da sich das ⲟⲩ leicht mit dem vorhergehenden Vocal verbindet. Diese volle Form findet sich noch in ⲛⲉⲭⲱⲟⲩⲛⲓ M., ⲛⲉⲭⲁⲩⲛⲓ, ⲛⲉⲭⲁⲩⲛⲓ B. *alii*. In den bei weitem meisten Fällen erleidet jedoch auch diese Hinterbaubildung eine Abschleifung, und zwar geht diese analog der bei der ganz gleichmässig gebauten Participialbildung hervorgetretenen Art und Weise §. 34. 35 vor sich: entweder wird das ⲟⲩ aufgelöst oder das ⲛ schleift sich ab.

45   Die erstere dieser beiden Arten der Abschleifung hat sich beim selbständigen Nomen nur selten erhalten, was sich aus der grossen Bedeutung erklärt, welche das -ⲛ für dieses durch den Vorderbau erhielt §. 53. Hierher gehört besonders

das jetzt nur noch als Artikel gebräuchliche, ursprünglich aber wirkliche Nomen ϩⲁⲛ vom Singular ⲟⲩⲁ, welches ursprünglich ϩⲟⲩⲁ lautete vgl. ϩⲟⲩⲓⲧ §. 34 [¹¹]. Diese Entstehung, welche seine ursprüngliche Bedeutung als *einige*, *mehrere* ergiebt, erklärt die wichtige Stellung welche es durch den Vorderbau erhielt §. 53.

In der Regel jedoch schleift sich das -ⲛ ab, und zwar zuerst so dass statt desselben ein vocalischer Rest bleibt, welcher weiterhin gleichfalls abfällt [⁴⁷]). Die vollere Form zeigt sich unmittelbar an den Stamm antretend: in S. ϩⲃⲟⲩⲓ von ϩⲃⲟ, ϩⲃⲱ *serpens*; ⲁϧⲟⲩⲓ M. S.: ⲁϧ *caro*, und schon verkürzt in ⲡⲛⲧⲟⲩ: ⲡⲛⲧⲉⲛ §. 29 *pollex*. Meist jedoch tritt ein kurzer Vocal zwischen den Stamm und die Endung: ϩⲁϩⲟⲩⲓ und ϩⲁϩⲓⲟⲩⲓ S. *vespae* (der Singular ist nicht erhalten; er scheint ϩⲁϩ und ϩⲁϩⲓ gelautet zu haben). ⲉⲥϧⲟⲩⲓ und ⲉⲁⲥⲉⲧ: ⲉⲁϣ *scriba*; S. ϩⲣⲉⲟⲩⲉ: ϩⲣⲉ *cibus*. — Zwischen Stamm und Endung tritt ⲉ: S. ⲕⲓⲕⲉⲉⲩⲉ und ⲕⲓⲕⲉⲟⲩⲓ: ⲕⲁⲕⲉ *inimicus*; S. ϭⲁⲗⲉⲉⲩⲉ und M. ϭⲁⲗⲉⲩ: ϭⲁⲗⲉ *claudus*; S. ⲣⲉⲙϩⲉⲉⲩⲉ, M. ⲣⲉⲙϩⲉⲩ: ⲣⲉⲙϩⲉ *liber* §. 65; S. ⲕⲓⲥⲟⲟⲩⲉ, ⲕⲓⲕⲟⲟⲩⲉ: ⲕⲟⲉⲓⲥ, M. ϭⲓⲥⲉⲩ: ϭⲟⲉⲓⲥ *dominus*. — ϣⲁϥⲉⲩ: ϣⲁϥⲉ,ⲛ *desertum* (nicht auch von ϣⲁϥⲓ Schwartze, K. G. S. 404, da dieses Femininum das Participium ist und *deserta mulier* bedeutet §. 42); ⲧⲁϭⲉⲩ: ⲧⲁϭⲛ *mancus* (im Singular hat sich nur die bereits vocalisch fortentwickelte Form erhalten, die auch sonst erscheint §. 40). Ebenso M. ⲉⲉⲩ: ⲉⲓⲱ, ⲓⲱ *asinus*; ϣⲏϭⲉⲩ: ϣϫⲉ *locusta*; ⲙⲉⲟ-ⲡⲉⲩ: ⲙⲉⲟⲡⲉ *testis* vgl. ⲙⲉⲧⲙⲉⲟⲡⲉⲩ: ⲙⲉⲧⲙⲉⲟⲡⲉ §. 61; M. ⲥⲁⲃⲉⲩ, S. ⲥⲁⲃⲉⲉⲩ: ⲥⲁⲃⲉ *sapiens*; S. ϩⲁⲧⲣⲉⲉⲩ, M. ⲁⲟⲣⲉⲩ: S. ϩⲁⲧⲣⲉ *gemini*. — ⲁ: B. ⲗⲉⲙⲓⲁⲩⲓ, S. ⲣⲙⲉⲓⲟⲩⲉ: B. ⲗⲉⲙⲓⲏ?, S. ⲣ̄ⲙⲉⲓⲏ §. 42 *lacrima*; ϥⲓⲁⲩⲓ B.: ϥⲓⲏ *via* §. 42; B. ⲁⲗⲁⲩⲓ: ⲁⲗⲟⲩ, ⲛ *puer*; M. ⲕⲉⲛⲁⲩ: ⲕⲟⲛ *cavum*, *vallis*; ⲉϣⲁⲩ: ⲉϣⲱ, ⲧ *sus*; B. ⲁϩⲁⲩ (S. ⲉϩⲟⲟⲩ, M. ⲉϩⲙⲟⲩ): ⲁϩⲏ *bos*. — ⲟ: S. ⲥⲡⲓⲣⲟⲟⲩⲉ: ⲥⲡⲓⲣ *latus*; S. ϩⲓⲟⲟⲩⲉ: ϩⲓⲏ, ⲧ *via*; S. ⲧ̄ⲃⲛⲟⲟⲩⲉ: ⲧⲉⲃⲛⲏ *pecus*; S. ⲉⲟⲟⲩⲉ: ⲉⲓⲱ *asinus*; S. ⲉⲗⲓⲣⲟⲟⲩⲉ: ⲉⲗⲓⲣⲱ, ⲗⲣⲱ, ⲧ *portus*; ⲟⲩϣⲟⲟⲩⲉ: ⲟⲩϣⲉ, ⲟⲩϣⲏ, ⲧ *nox*; S. ⲣⲁⲙⲡⲟⲟⲩⲉ: ⲣⲁⲙⲡⲉ, ⲣⲟⲙⲡⲉ, ⲧ *annus*; ⲣⲉϥϫⲟⲟⲩⲉ: ⲣⲉϥϫⲱ *cantor* §. 58; S. ⲁⲗⲟⲟⲩⲉ: ⲁⲗⲟⲩ, ⲛ *puer*; S. ϩⲃⲥⲟⲟⲩⲉ: ϩⲃⲥⲱ, ⲧ *vestis*; S. ⲉⲓⲟⲟⲩⲉ: ⲉⲓⲁ *lotio*; ⲥⲃⲟⲟⲩⲉ und ⲥⲃⲟⲟⲩ: ⲥⲃⲱ, ⲧ *doctrina*; ⲉϩⲟⲟⲩ: ⲉϩⲉ *bos*; S. ⲉⲣⲉⲟⲟⲩ: ⲉⲣⲉⲱ, ⲧ *habitatio*.

Je wichtiger diese Hinterbaubildung für die Charakterisirung des Stammbegriffes ist, um so erklärlicher ist es, dass sich das Hauptgewicht des Wortes auf die von derselben neugeschaffene Sylbe legt (Anm. 16), deren Vocal wiederum in dem auf demselben ruhenden Ton noch eine besondere Veranlassung zur Verlängerung hat (Anm. 21). Sehr häufig tritt daher an dieser Stelle statt des kurzen Vocals ein langer ein. So findet sich ⲥⲉⲃⲟⲟⲩⲧ: S. ⲥⲟⲃⲧ *murus*; ⲁⲙⲁⲓⲟⲩ: ⲓⲟⲙ *mare*. In der Regel ist es jedoch ⲏ oder ⲱ §. 18. — ⲏ: ⲉⲃⲣⲏⲧⲉ (ⲉϥⲣⲏⲧⲉ, ⲃⲣⲏⲧⲉ): ⲉⲃⲣⲁ *granum*; S. ⲃⲣⲏⲟⲩⲉ: ⲃⲓⲣ, M. ⲃⲁⲓⲣⲓ, ⲧ *corbis*; M. ⲉϥⲣⲏⲟⲩⲓ, S. ⲣ̄ⲛⲏⲧⲉ, ⲉⲣⲛⲏⲧⲉ: M. ⲉⲣⲫⲉⲓ, S. ⲣ̄ⲡⲉ, ⲛ *templum*; M. ⲃⲣⲏⲟⲩⲓ, S. ϩⲣⲏⲧⲉ: ϩⲣⲉ *cibus*; ⲉⲓⲏⲧⲓ *agri*: der Singular findet sich nicht; M. ⲫⲛⲏⲟⲩⲓ, S. ⲡⲏⲩⲉ, ⲡⲏⲟⲩⲉ, B. ⲡⲏⲟⲩⲓ, ⲡⲏⲧⲉⲛ: M. ⲫⲉ, S. ⲡⲉ, B. ⲡⲏ *caelum*. — M. ⲁⲫⲏⲟⲩⲓ, S. ⲁⲡⲏⲧⲉ, B. ⲁⲡⲏⲟⲩ: M. ⲁⲫⲉ, S. ⲁⲡⲉ, B. ⲁⲡⲏ *caput*; M.

ⲃⲉⲭⲛⲟϯ, ⲃⲉⲭⲛⲟⲧ: ⲃⲉⲭⲉ *merces*; M. ⲛⲟϯ, ⲛⲟⲧ: ⲛⲓ, ⲛ *domus*; ⲣ̅ⲙⲛⲟϯ, S. ⲣ̅ⲙⲛⲧⲉ, ⲣ̅ⲙⲛⲧ, B. ⲣ̅ⲙⲛⲟⲧⲉⲓ, ⲣ̅ⲙⲛⲧⲉⲓ: ⲣⲱⲙⲉ *opus*; S. ϣⲛⲏⲧⲉ, ϣⲛⲏⲧ, M. ϣⲛⲏⲟⲧ: ϣⲛⲉ *rete*. — ⲁⲙⲣⲛⲟⲧ: ⲁⲙⲣⲉ *pistor* S. ⲉϫⲏⲧ, ϫⲏⲧ, M. ⲉϫⲛⲟⲧ: ϫⲟⲓ, ⲛ *navis*; ⲥⲛⲏⲟⲧ S. ⲥⲛⲏⲧ B.: M. S. ⲥⲟⲛ, B. ⲥⲁⲛ *frater*; ⲥⲁⲃⲛⲟⲧ B., ⲥⲁⲃⲏⲧ S.: ⲥⲁⲃⲉ *sapiens*; M. ϫⲁϫⲛⲟⲧ: ϫⲁϫⲉ *locusta*. — ⲁⲓ: ⲁϫⲱⲟϯ: ⲁϫⲱ, ⲛ *magus*; ⲉⲃⲱⲟϯ: ⲉⲃⲱ, ⲧ *doctrina*; ⲉⲧⲫⲱⲟϯ, ⲧⲫⲱⲟϯ: ⲉⲓⲫⲁⲓ, ⲧ *onus*; S. ⲉⲓⲱⲟⲧⲉ: ⲉⲓⲱ, ⲛ *asinus*; ⲣⲉϥϫⲱⲟϯ: ⲣⲉϥϫⲱ *cantor*; ⲁⲗⲱⲟϯ: ⲁⲗⲟⲩ, ⲛ *puer*; ⲉⲣⲙⲙⲱⲟϯ: ⲉⲣⲙⲏ, ⲧ *lacrima*; ⲧⲉⲃⲛⲱⲟϯ: ⲧⲉⲃⲛⲏ *jumentum*; ⲥⲓⲛⲱⲟϯ: ⲥⲟⲛⲓ, ⲛ *latro*; ⲙⲓⲧⲱⲟϯ: ⲙⲱⲓⲧ, ⲛ *via*; ⲥⲫⲓⲣⲱⲟϯ: ⲥⲫⲓⲣ *latus*. — ⲥⲧⲉⲣⲱⲟϯ, ⲥⲧⲉⲣⲓⲱⲟϯ, ⲉⲣⲱⲟϯ (Anm. 40): ⲥⲧⲉⲣⲟ, ⲧ *limen*. — ⲉⲃⲱⲟϯ: ⲉⲃⲱ *mutus*; ⲓⲁⲣⲱⲟϯ, S. ⲓⲉⲣⲱⲟϯ, ⲉⲓⲉⲣⲱⲟϯ: ⲓⲁⲣⲟ, S. ⲓⲉⲣⲟ, ⲉⲓⲉⲣⲟ, ⲛ *flumen*; ⲣⲱⲟϯ: ⲣⲟ, ⲛ *os, porta*; ⲟⲩⲣⲱⲟϯ, ⲉⲣⲱⲟϯ, ⲣ̅ⲣⲱⲟϯ, S. B. ⲉⲣⲣⲱⲟϯ: ⲟⲩⲣⲟ, S. B. ⲣ̅ⲣⲟ, ⲉⲣⲣⲟ, B. ⲉⲣⲣⲁ, ⲣ̅ⲣⲁ *rex*, vgl. ⲙⲉⲧⲟⲩⲣⲱⲟϯ: ⲙⲉⲧⲟⲩⲣⲟ, ⲧ *regnum*; ϣⲧⲉⲕⲱⲟϯ (ⲉϣⲧⲉⲕⲱⲟϯ): ϣⲧⲉⲕⲟ, ⲛ *carcer*; ϣⲉⲙⲙⲱⲟϯ: ϣⲉⲙⲙⲟ, ⲛ *peregrinus*; ⲣⲁⲙⲙⲱⲟϯ: ⲣⲁⲙⲙⲁⲟ *dives*; ⲉⲣⲱⲟϯ: ⲉϩⲉ *bos*; ⲉⲛⲁϣⲱⲟϯ: ⲉⲛⲁϣⲉ *magnus*; ϣⲁⲙⲱⲟϯ: ϣⲟⲙ, ⲛ *socer*; ⲟⲩⲛⲱⲟϯ: ⲛⲁⲩ *hora* (Anm. 40).

48 Aber auch dieses -ⲟⲩ schleift sich ab und es bleibt von ihm nur ein kurzes ı oder ⲉ. Charakteristisch für diese Bildung ist der im Plural erhaltene kurze Stützvocal, was sich wohl daraus erklärt, dass die Pluralendung als die aus ältester Zeit stammende Bildung auch an die in Bezug auf die vocalische Entwicklung älteste Gestalt des Wortes trat, und dass durch die Pluralendung so lange sie irgendwie vorhanden war, dieser kurze Vocal geschützt wurde. In der That ist auch in den bisherigen Beispielen der zwischen den Stammconsonanten stehende Vocal durchgängig im Plural kurz. Diese Uebereinstimmung kann geradezu als Beweis dienen, dass die hier besprochene Bildung eine wirkliche Pluralbildung, das ı wirklich nur Rest des alten ⲟⲩ ist. Dieser Art sind: ⲙⲛⲟϯ: ⲙⲛⲟⲧ *uber, mamma*; S. ⲉⲃⲁⲧⲉ: ⲉⲃⲟⲧ, ⲛ *mensis*; ⲙⲉⲛⲣⲁϯ: ⲙⲉⲛⲣⲓⲧ *dilectus*; ϩⲟⲩⲁϯ: ϩⲟⲩⲓⲧ *primus*. — ⲃⲁϯⲓ: ⲃⲛⲧ, ⲛ *ramus*; ϩⲁⲗⲁϯ: ϩⲁⲗⲏⲧ *avis*; ⲃⲉⲗϣⲓⲣⲓ: ⲃⲉⲗϣⲓⲣⲓ, ⲧ *puella*; ϣⲫⲁⲣⲓ: ϣⲫⲏⲣ, ⲛ *filius*; ⲓⲟϯ: ⲓⲱⲧ *pater*; ⲁⲃⲱⲓⲥ: ⲁⲃⲱⲕ, ⲛ *corvus*; ϣⲃⲟϯ: ϣⲃⲱⲧ, ⲛ *baculus*; ⲁⲫⲟϥⲓ: ⲁⲫⲱϥ, ⲛ *gigas*.

49 Gleichfalls alte Pluralbildungen sind ⲙⲕⲁⲧϩⲓ ⲙⲕⲁϩ *dolor*; ⲁⲛⲁⲧϣ: ⲁⲛⲁϣ, ⲛ *jusjurandum*; ⲓⲟⲧϯ: ⲓⲱⲧ, ⲛ *pater*. Dass es wirklich Bildungen sind und nicht nur vocalische Varianten, wie sie sonst im Coptischen häufig sind, zeigt deutlich der Umstand dass neben einigen dieser alten Pluralformen bereits die nach dem Gesetz des Vorderbau's §. 53 gebildeten gebraucht werden, so dass das Verlassen der alten Bildung hier wie auch sonst sichtlich hervortritt. So neben ⲥⲟⲁⲧϩ̅ von ⲥⲟⲙϣ auch ⲛⲉϭⲟⲟϣ S. *Aethiopes*; ϭⲁⲗⲟⲧⲥ M. B.: ϭⲁⲗⲟϫ, ⲧ *pes* und B. ⲛϭⲁⲗⲁⲩϫ. Ewald erklärt sie *Spr. Abh.* I S. 17, 18 Anm. 1 für „innere Pluralbildungen". Gleichfalls hierher zu ziehen sind jedenfalls auch ϩⲓⲟⲙⲉ von ⲥϩⲓⲙⲉ, ϩⲓⲙⲉ §. 50 *femina*; ϣⲛϯ: ϣⲁⲩ *truncus*; ⲁⲃⲏϯ: ⲁⲃⲟⲧ *mensis*; und im Vergleich mit ⲉⲃⲓⲁⲓⲕ: ⲃⲱⲕ *servus* scheint auch ⲉϩⲙⲏⲩ eine derartige Bildung, das Zusammentreffen mit עבדים dagegen nur

zufällig zu sein. Und wenn es als Singular sowohl wie als Plural gebraucht wird, so ist dies kein unbedingt zwingender Grund gegen diese Annahme, da auch sonst Pluralformen mit Singularbedeutung vorkommen wie ⲉⲥⲛⲟⲩ ovis, ϩⲟϥⲧ serpens und serpentes, vgl. Schwartze, K. G. S. 209 Anm. 1. Mehr aber als aus einzelnen Beispielen ergiebt sich eine solche Möglichkeit aus dem Entwicklungsgang der Sprache selbst. Da die Hinterbaubildung des Plurals, sobald dessen Vorderbaubildung allgemein gültig geworden war, wesentlich überflüssig ward, was sich thatsächlich in ihrer immer grösseren Abschleifung und ihrem endlichen gänzlichen Wegfall zeigt, so ist es sehr wohl möglich dass sie wie ihre Einwirkung auf die Bedeutung so diese selbst verlor und daher als gleichsam zum Stamm selbst gehörig sogar dann stehen blieb, wenn der Singular gemeint und dieser nach der allmählich allein gültig gewordenen Vorderbaubildung §. 53 auch angedeutet war.

Wenn hier wie z. B. bei ⲁⲗⲟⲧ, ⲉⲛⲓⲡ u. s. w. Pluralformen mit wechselndem Vocal vor der Endung vorkommen, so ist auch dies nur eine dem im Copt. möglichen leichten Wechsel des vocalischen Lautes entspringende und denselben deutlich darlegende Thatsache §. 6 ff.

II. Die Vorderbaubildungen.

Es finden sich noch einige merkwürdige Spuren der grossen Macht welche 50 der neue Eintritt des Vorderbau's §. 1 als eines mächtigen Momentes der Sprachenentwicklung ausgeübt haben muss. Es lässt sich nämlich nicht läugnen, dass, so sehr dies auch dem fast durchaus gültigen Charakter der auf dem Boden des Vorderbau's erwachsenen Bildungen §. 52 widerspricht, in einzelnen Fällen geradezu die alten Hinterbaubildungen mit Beibehaltung des ihnen eigenthümlichen Charakters ihre alte Stelle verlassen haben und vor das Wort getreten sind. Dies ist ganz offenbar in der vereinzelt dastehenden Bildung ⲥϩⲓⲙⲉ der Fall (vgl. Ewald. Spr. Abh. I. S. 18 Anm. 1), in welcher das das Femininum kennzeichnende ⲥ §. 37 vor das Wort getreten ist. Einen Beweis dafür liefert ausser dem daneben vorkommenden ϩⲓⲙⲉ der Umstand dass auch diese weibliche Bildung der allgemeinen Regel §. 31. 41 folgt, nach welcher im Plural die formelle sprachliche Unterscheidung des Geschlechtes aufhört, die Femininbildung somit wegfällt: der Plural lautet stets ϩⲓⲟⲙⲉ §. 49.

Genau dasselbe Verhältniss findet aber auch bei einigen Hinterbaubildungen 51 der ersten Gattung §. 26 ff. Statt. Für sie war charakteristisch dass sie sowohl in der Stammbegriffes nominaler als auch verbaler Richtung antreten können, dass sie somit auch da, wo sie in der uns überlieferten Sprache nur in der einen Richtung noch vorhanden sind, nicht als die gerade diese Richtung des Begriffes bedingenden Kennzeichen angesehen werden dürfen. Da nun überhaupt in der jetzigen Sprache ihre ursprüngliche Einwirkung auf die Bedeutung nicht mehr unterscheidbar ist weshalb gerade sie mehr und mehr ganz aufgegeben werden, so muss, wo der nackte Stamm neben ihnen erscheint, dieser genau dieselbe Bedeutung wie sie selbst darbieten. Eine weitere Bestätigung dafür, dass hier in der That diese Art der ursprünglichen Hinterbaubildungen vorliegt, kann man darin sehen, dass wie alle Nomina welche solche mit ihnen vermehrte Stämme darbieten §. 26, so auch diese Nomina männlichen Geschlechtes sind. Der Art sind 1. mit ⲛ: ⲛ̄ⲅⲁϣⲓ, ⲉⲛⲅⲁϣⲓ, ⲛ *amaritudo* und verbal *amarum esse*: ϣⲁϣⲓ, ⲛ *amaritudo*, ⲉⲣⲡⲁϣⲓ vgl. Anm. 19 *amarum esse*; ⲁϩⲟⲙ (ⲛ wird ⲁ wegen des ⲑ), ⲛ *conceptio* und verb. *concipere*: ⲉⲡⲑⲟⲕⲓ *concipere*. — ⲉⲛⲟⲩⲱⲧ ⲛⲁⲁⲓ: ⲟⲩⲱⲧ *idem*; ⲛ̇ⲉⲣⲟⲧⲓ, ϩⲁⲛ: ⲉⲣⲟⲧ, ⲭⲣⲟⲧⲓ, ϩⲁⲛ *filii*; mit ⲛ == ⲙ (Anm. 30): ⲙⲉⲣⲓⲧ, ⲉⲙⲉⲣⲓⲧ: ϩⲛ̄ⲧ, ⲛ *septentrio*; ⲁⲙϣⲓⲣ, ⲛ: ⲙⲟⲧⲣⲛ, ϯ *thuribulum*; ⲉⲁⲍⲟⲗ, ⲛ: ⲍⲟⲗ, ⲛ *cepa*. — 2. Mit ⲧ: ⲧⲟⲕ, ⲧⲟⲕ, ⲛ *notacula* für ⲧⲣⲟⲕ, S. ⲧⲟⲛ (mit Abschleifung des ⲣ §. 45 Anm.): *tondere*; ⲧⲉⲣⲉ nom. §. 27 und verb., ⲟⲣⲉ, ⲟⲣⲟ nur verb. §. 59: *pe facere*; ⲧⲉⲕⲛⲉ und ⲧⲉⲕⲛⲟ S. *imminuere*: ⲉⲃⲟⲛ S. M. *imminuere*, *imminui*; ⲧⲟⲩⲃⲟ und mit Abschleifung des Wurzellauts ⲟⲩ (Anm. 40) ⲧⲉⲃⲟ S. ⲧⲉⲕⲁ B. (ⲧⲉⲃⲃⲟ, ⲧⲃⲃⲉ S., ⲧⲉⲕⲁ B.) *mundum esse*, *sanctificari*, *sanctificare*: ⲟⲩⲁⲃ, ⲟⲩⲁⲁⲃ M., ⲟⲩⲉⲕ B. *purum esse*, ⲟⲩⲟⲛ S. *sanctum esse* und nom. *sanctificatio*; ⲑⲙⲁⲓⲟ, ⲑⲙⲁⲓⲉ *justificare*, *justificari*: ⲙⲁⲓ *justificari*; ⲑⲙⲉⲥⲓⲟ M.: ⲙⲉⲥⲓⲟ S. *obstetricare*, ⲧⲁⲕⲟ *perdere*, aber auch *perire*, weshalb es nicht aus ⲧⲁⲕⲟ *dare perditionem* zusammengesetzt sein kann. Vergl. ⲁϩⲟⲡⲓ, ⲁⲕⲱⲡⲓ §. 25; ⲑⲱⲟⲩⲧ, ⲑⲟⲧⲟⲩ: ⲟⲩⲉⲓⲧ, ⲟⲩⲟⲉⲓⲧ S. *statua*, *columna*, was vielleicht mit ⲟⲩⲉⲧ, ⲟⲩⲱⲧ *terminis distinguere*, *separare* zusammenhängt. Wie am Ende des Wortes geht das ⲧ auch im Anfang in ϥ über §. 30: ϥⲣⲱⲓⲥ, ϩⲁⲛ *vigiliae*: ⲣⲟⲉⲓⲥ *vigila* und *vigil*, verb. *vigilare*; ϥⲟⲁⲙ: ⲟⲙⲙ *claudere*; ϥⲧⲟⲧ, ⲛ M.: ⲧⲱⲧⲉ S. *fimbria*; ϥϫⲟⲙ *potentia*: ϫⲟⲙ, ϯ §. 39 *idem*, ϥⲣⲉⲙϫⲟⲙ: ϫⲉⲙϫⲟⲙ *posse*; ϥϣⲏⲛ, ⲛ *arbor*: S. ϣⲏⲛ, ⲛ *idem*. ϥϣⲱⲟⲩ, ⲛ *desiderium* ist dagegen eine ursprüngliche Participialbildung §. 35 vom Stamm ϣⲓϣ.

52   Im Ganzen und Grossen jedoch haben die Vorderbaubildungen einen dem der Hinterbaubildungen durchaus entgegengesetzten Charakter. Denn in ihnen tritt uns die Sprache in voller Lebenskraft entgegen, welche sich neue Formen für den Ausdruck des Begriffes schafft, während jene nur das Absterben eines durch den Gang der Sprachentwicklung werthlos gewordenen und daher nur noch in Trümmern vorhandenen Sprachbaues aufweisen. Diese haben denn auch in der That in der jetzt vorhandenen Sprache keine solche Kraft mehr für den Ausdruck eines Begriffes oder der besonderen Richtung eines solchen, dass die entsprechenden, nach

dem mehr und mehr zur alleinigen Geltung kommenden Gesetz des Vorderbau's geschaffenen Bildungen entbehrt werden könnten. Diese letzteren sind es vielmehr allein, welche auf die Bedeutung entscheidenden Einfluss haben, auch wenn jene anderen noch an dem Stamme, ganz oder schon abgeschliffen, vorhanden sind. Die Art ihres Einflusses hängt selbstverständlich von dem besonderen Charakter dieser Sprache ab. Dieser ist im Coptischen ursprünglich der dass jeder sich ursprünglich sowohl in nominaler als auch verbaler Richtung bewegende Stamm jede Modification seines Begriffes schon ohne eine entsprechende, dieselbe äusserlich kennzeichnende Bildung zu enthalten vermag §. 6 Anm. 13. Geht nun das Streben in der Sprachentwicklung überhaupt dahin allen einzelnen Beziehungen der Begriffe sinnliche Aequivalente zu geben, so folgt für's Coptische dass dies seit der Zeit seines Vorderbau's sich in ihm mit neuer Macht kundgebende Streben sich in dem Versuche äussert die ursprünglich bereits im Stamm vereint liegenden Modificationen nun einzeln äusserlich darzustellen. So ist es auch thatsächlich. Die eigentlichen Vorderbaubildungen (vgl. dagegen §. 60 ff.) geben nichts Neues was nicht im nackten Stamme, dem Geiste dieser Sprache gemäss, bereits vorhanden wäre oder doch nach dem Gebrauch der früheren Sprachperiode sein musste. Daher ist die Bedeutung des durch eine solche Vorderbaubildung vermehrten Stammes so häufig der des nackten Stammes ganz gleich. Ist aber eine Vorderbaubildung einmal eingetreten, so weist sie ganz bestimmt nur auf diese eine Modification des Begriffes hin und schliesst alle anderen im nackten Stamm ausserdem noch liegenden aus. Dies ist das eigentlich Charakteristische dieser Art von Vorderbaubildungen. Bevor wir sie jedoch im Einzelnen betrachten, müssen wir noch auf einen anderen für das Nomen höchst wichtigen Umstand hinweisen, welcher durch den Vorderbau zur Geltung gekommen ist.

Er betrifft die ausserordentliche Bedeutsamkeit, welche in dieser Periode der Sprachentwickelung der Artikel gewonnen hat. Sobald die das Nomen überhaupt und es als in einer besonderen Richtung sich bewegend kennzeichnenden Bildungen des Geschlechtes und der Zahl, als noch zum Hinterbau gehörig, wesentlich wirkungslos geworden waren und daher bei der grossen Masse theils gar nicht mehr theils wo es noch geschah doch meist in sehr abgeschliffner Gestalt angewendet wurden, bedurfte es eines Ersatzes welcher den in nominaler Richtung sich bewegenden Stamm sogleich als solchen kennzeichnete. Dazu benutzte man einen Pronominalstamm [**]) welcher zugleich fähig war die Besonderheiten von Geschlecht und Zahl an sich hervortreten zu lassen. So kamen das vorgesetzte п für das Männliche, das vorgesetzte т für das Weibliche und das vorgesetzte п [**]) für den Plural beider Geschlechter §. 36. 43 in der Weise unsres Artikels zur Geltung (vgl. Ewald, Spr. Abh. I §. 4). Damit aber die nominale Richtung des Stammes in keinerlei Weise zweifelhaft bliebe, da doch die mit dem bestimmten Artikel gegebene

53

Fassung des Ausdrucks nicht immer die in der Rede nothwendige sein kann, so erhält das Nomen auch wo dies der Fall ist einen Artikel, den unbestimmten, und zwar, welcher Umstand die hohe Wichtigkeit des Artikels in dieser Entwicklungsperiode schlagend beweist, nicht nur im Singular, sondern auch im Plural: ⲟⲧ, aus ⲟⲧⲁ entstanden, und dessen Plural ⲅⲁⲛ §. 45, wodurch die Pluralbildung auch nach dem Gesetze des Vorderbau's in jeder Weise gesichert und unfehlbar kenntlich ist. So ist es von nun an der Artikel allein, welcher das Nomen als solches charakterisirt und die dasselbe betreffenden besonderen Beziehungen von Geschlecht und Zahl ausdrückt; alle dem Hinterbau angehörigen, ursprünglich dahin zielenden Bildungen haben nur noch formellen, aber nicht mehr essentiellen Werth.

54   Von Vorderbaubildungen giebt es nur einige, deren Zusammenhang mit einem ursprünglich selbstständigen Wort nicht mehr unmittelbar erkennbar ist. Es scheint dies bei zweien der Fall zu sein, von denen die eine, das vorgesetzte ⲧ-, stets den Stamm als sich in verbaler Richtung und zwar in der Modification des Causativums bewegend kennzeichnet, wie ⲕⲁⲙ *calidum esse*: ⲧⲥⲙⲟ *calefacere*; ⲟϩⲓ *stare*: ⲧⲁϩⲉ *constituere*; ⲉⲙⲓ *scire*: ⲧⲁⲙⲟ *docere*; ⲱⲛⲥ *vivere*: ⲧⲁⲛϩⲟ *vivificare*, welches letztere wohl zu unterscheiden ist von der syntaktischen (nicht grammatischen) Zusammensetzung ϯⲱⲛϩ S. *vitam dare*. Ueber die Entstehung dieses ganz analog in den anderen Sprachstämmen erscheinenden Causalstammen vgl. Ewald, *H. S. L.* §. 122 a. Auch hier wechselt mit dem ⲧ- vermittelst des ⲥ das ϫ und weiter abgeschwächt das ϭ, vgl. Schwartze, *K. Gr.* §. 331 S. 290.

55   Für das Nomen jedoch kommt hier das vortretende ⲛ- in Betracht, dessen charakteristische Bedeutung in der Hervorhebung des bestimmten Einzelnen zu liegen scheint, also überhaupt in der nominalen Richtung des Begriffs im Gegensatz zur verbalen, so dass eine solche Bildung sich nur noch in der ersteren zu bewegen vermag, sowie innerhalb der nominalen Richtung hauptsächlich in der besonderen Modification des concreten Nomens. Es findet seine Parallele in dem vor das selbstständige Pronomen tretenden ⲛ: ⲛⲟⲩⲟⲧ im Gegensatz zu ⲟⲩⲟⲧ, vergl. Ewald, *Spr. Abh.* l, §. 17, S. 31, Anm. 1. Der Art sind: ⲉⲛⲧⲏⲕ, ⲟⲧ S. ⲛ̄ⲧⲏⲕ, ⲉⲛⲧⲏⲥ *radix, planta*: ⲧⲱϫⲓ, ⲛ *planta*, verb. *plantare*; ⲉⲛϭⲱϣ, ⲛ *securis*: ϣⲉⲧ *secare* (nach Peyron, *lex.* p. 309 wäre es aus ⲉⲛ und ϣⲱⲧ *inferre incisionem* entstanden); ⲙⲃⲉⲣϭⲓ, ⲛ *currus* neben der Hinterbaubildung ⲃⲉⲣⲉϭⲱⲟⲩⲧⲥ, ⲧ *currus* §. 33; ⲉⲛⲭⲁⲓ, ⲛ *substantia, res*: ⲭⲁⲓ, ⲛ idem, verb. ⲭⲁ, ⲭⲱ *ponere*, ⲭⲏ *esse*; ⲉⲛⲟⲣⲟⲓ, ⲛ *impetus, currus*: ⲟⲣⲟⲓ, ⲛ *currus* vgl. ϯⲟⲣⲓ *ire, progredi*; ⲉⲙⲃⲣⲓⲥ (S. mit Abschleifung des ⲃ: ⲙⲣⲓⲥ), ⲛ *mustum*: ⲃⲣⲓ *novus*, vergl. ⲉⲫⲃⲣⲓ *novum esse* (Anm. 49). Das von Schwartze, *K. Gr.* §. 87 S. 367 zu einer ähnlichen, aber unter anderem Gesichtspunkt aufgestellten Reihe gerechnete ⲛⲉⲙⲡⲓⲛ, ⲁⲛⲉⲙⲡⲓⲛ: ⲉⲙⲡⲓⲛ, ⲁ̄ⲣⲡⲓⲛ, ⲉⲁⲙⲡⲓⲛ, M. ⲉⲁⲉⲣⲡⲓⲛ, ⲧ gehört als weibliche Bildung wohl kaum hierher, da das sonst bei diesen Substantivis herrschende männliche Geschlecht darauf hin-

zuweisen scheint, dass dieses eine Folge dieser Bildung sei oder doch wesentlich mit ihr zusammenhänge. Ferner ⲛ̄ϣⲁϣⲓ, ⲉⲛϣⲁϣⲓ, ⲛ *amaritudo*: ϣⲁϣⲓ *amarum esse*, nom. —, ⲛ *amaritudo*; ϫⲓϣⲓϣ, ⲛ: ϣⲓϣ, ⲛ *vindicta*.

Mit diesem ⲛ- verwandt, aber doch eine selbstständigere Wortform bildend, ist das vortretende ⲁⲛ-, welches immer mit dem vollen Vocal lautet und die besondere Bedeutung hat, dass es eine Mehrheit als Einheit zusammenfasst, wie ⲁⲛⲧⲱⲟⲩ, ⲛ *regio montana*, „Gebirg": ⲧⲱⲟⲩ, ⲛ *mons*; ⲁⲛⲍ̄, ⲛ *ἱβδομάς* u. s. w., vgl. Peyron. *lex.* p. 75 ⁽¹⁾).

Eine hieran sich anschliessende Nominalbildung ist die des Participiums durch das vortretende ⲉⲧ-, dessen nie fehlendes ⲉ, dem Ursprung des Participiums nach zu schliessen (vgl. Ewald, *Spr. Abh.* I S. 39), das bezügliche Fürwörtchen ist, während das ⲧ wohl dasselbe ist, welches zur Zeit des Hinterbau's an den Stamm antretend dieselbe Bildung hervorbrachte §. 33. Wie ursprünglich dort, giebt es auch hier dem Begriff nur die nominale, an und für sich noch nicht an eine bestimmte Person geknüpfte Richtung, ohne auf die besonderen Modificationen desselben Einfluss auszuüben, welche nach wie vor von dem Stamm ebenso wie in dessen nackter Gestaltung umfasst werden §. 32. Daher ⲉⲧⲕⲱⲧ *aedificans*, ⲉⲧⲕⲏⲧ *aedificatus*, aber auch ⲉⲧⲉⲣϩⲱⲧ *navigans* und *jactatus*. Wie alle Vorderbaubildungen nur für eine Modification des Begriffes, dient auch diese nur für eine einzige solche; es ist daher bei dieser Participialbildung nicht möglich, dass sie, wie es bei der nach dem Hinterbau gebildeten in dieser Entwicklungsperiode der Sprache geschieht §. 32, wiederum als Verbum finitum benutzt und weiter gebildet werden könnte.

Von noch eingreifenderer Bedeutung für die Sprache sind die Vorderbaubildungen zu welchen besondre Stämme neu verwendet wurden, weshalb denn auch ihre Entstehung offner zu Tage liegt.

1. Die Vorderbaubildung ⲡⲉϥ-. Dieses ist der Stamm ⲡ mit der alten Hinterbaubildung erster Gattung §. 27 und kann daher, für sich genommen, in nominaler und verbaler Richtung sich bewegen. Als Vorderbaubildung angewendet, dient es jedoch einzig dazu darauf hinzuweisen, dass die Handlung welche in dem auf dasselbe folgenden Stamm ausgedrückt ist, an einer Person von welcher sie gethan wird, hafte, also die Modification des persönlichen Nomens als die allein gültige anzudeuten ⁽*⁾. Hieraus geht hervor dass sich der Stamm stets in verbaler Richtung habe bewegen d. h. eine Handlung, eine Thätigkeit ausdrücken können. Auch dieses ⲡⲉϥ- ist somit nur das neu ergriffene Mittel um einer besonderen, ursprünglich neben anderen in einem Stamm liegenden Modificationen Ausdruck zu verschaffen, wie denn z. B. ⲫⲣⲉϥⲛⲁⲩ bereits „*Traumseher*" heisst; dennoch kann ⲡⲉϥ- davortreten um anzudeuten dass sich dieser Stamm in einem besonderen Fall in keiner anderen Modification des Begriffs als der des persönlichen Nomens

bewege: ⲡⲉϥϥⲉⲡⲣⲁⲥⲟⲩⲓ „*Traumseher*". Es ist daher nicht richtig eine solche Bildung mit ⲡⲉϥ- als eine Zusammensetzung anzusehen, durch welche der Begriff „Thäter" neu zu dem Grundbegriff hinzukomme[17]). Einem solchen Vorgange entspricht auch die Bedeutung der Bildung mit ⲡⲉϥ- keineswegs, wenn es auch Fälle giebt, in welchen es den Anschein davon haben kann. ⲡⲉϥⲙⲟⲩⲧⲓ z. B. heisst nicht „*Sterbensthäter*", was nichts anderes bedeuten könnte als einen welcher „sterben thut" d. h. stirbt; es heisst vielmehr der *Sterbliche*, das ist eine Person an welcher der Begriff „sterben" dauernd haftet, die sich daher demselben nicht entziehen kann. Diese Entstehung und Natur des ⲡⲉϥ- wird noch weiter bewiesen durch eine Bildung wie ⲡⲉϥⲟⲙⲉⲥⲓⲟ, τ *obstetrix*. Dieselbe Bedeutung hat bereits der einfache, durch die Femininendung §. 40 als Nomen charakterisirte Stamm ⲙⲉⲥⲓⲱ, τ S. *obstetrix*; im M. tritt dagegen schon das ⲡⲉϥ davor, um die Modification des Thatnomens als die allein herrschende zu bezeichnen. Wäre jedoch das ⲡⲉϥ- wirklich durch das Pronominalsuffix -ϥ gebildet, so müsste es ganz natürlich bei einem Weibe in -ⲥ übergehen, welcher Uebergang im Coptischen ein so gebräuchlicher und weit verbreiteter ist, dass man nicht begreifen kann wie den Copten dieser Ursprung des ⲡⲉϥ „unkenntlich geworden" (Schwartze, *K. Gr.* S. 397) sein könnte. In der That hat es aber einen anderen Ursprung welcher einen solchen Wechsel des Geschlechts gar nicht erfordert, ja überhaupt gar nicht zulassen kann. Hierzu kommt noch dass in der Zeit dieser Vorderbaubildung der Wechsel des Geschlechts wesentlich nur im Vorderbau durch den Artikel ausgedrückt wird, so dass der hierin angedeutete Unterschied vollkommen genügte, so bald nur das -ϥ nicht Pronomen war, welches als solches um so weniger in männlicher Gestalt neben dem weiblichen Artikel hätte bleiben können. Ebenso ⲡⲉϥϣⲁⲛϣ, τ *nutrix*, dessen nackter Stamm auch schon ohne ⲡⲉϥ-, in der Verbindung ϣⲁⲛⲉϣⲧⲉⲃⲛⲏ, n §. 65 *nutritor jumentorum*, die Modification des persönlichen Nomens in sich trägt. Als nähere Bestimmung tritt ⲡⲉϥϣⲁⲛϣ zu dem weiteren Begriff ⲥϩⲓⲙⲉ nach §. 65: ⲥϩⲓⲙⲉⲡⲉϥϣⲁⲛϣ *mulier nutrix*. Ebensowenig widerspricht dem -ϥ in ⲡⲉϥ- die Pluralbildung, sei es dass sie als von einer Vorderbaubildung ausgehend gleichfalls im Vorderbau und zwar im Artikel ausgedrückt ist oder, wie es noch in einem einzelnen Fall geschieht, auch noch in der Hinterbaubildung hervortritt. Hierfür ist zu beachten dass ⲡⲉϥϫⲙⲟⲩϯ M. ⲡⲉϥϫⲙⲟⲟⲧⲉ S. *cantores* nicht von ⲡⲉϥϫⲱ gebildet wird, sondern dass vor das bereits mit der Pluralbildung ϫⲙⲟⲩϯ, ϫⲙⲟⲟⲧⲉ bestehende ϫⲱ das ⲡⲉϥ- getreten ist um diese besondere Modification des Begriffes zu bezeichnen. Vgl. Ewald, *Spr. Abh.* I. §. 11 Anm. 1 (S. 22). Das Vorhandensein dieser Modification des Begriffes deutet aber das ⲡⲉϥ- auch vor solchen Bildungen verbaler Richtung an, welche, als Neubildungen dieser Zeit der Sprachentwicklung angehörig, nicht mehr wie der nackte Stamm sämmtliche Modificationen vereinigt in sich zu tragen vermögen, sondern das Vorhandensein nur einer und zwar der verbalen

Richtung andeuten [13]: ϥⲧⲃⲉⲭⲉ, ⲛ „*Lohngeber*" von ⲧⲃⲉⲭⲉ *dare mercedem*; ⲣⲉϥⲣⲛⲉⲧϩⲱⲟⲩ M., ⲣⲉϥⲣⲛⲉⲥⲱⲟⲩ S. *malefactor*; ⲣⲉϥⲣⲛⲟⲃⲓ M., ⲣⲉϥⲣⲛⲟⲃⲉ S. *peccator*.

2. Die Vorderbaubildung ϫⲓⲛ-. Von dem Stamm ϫⲓ *capere, incipere* herkommend 59 (Ewald, *Spr. Abh.* I §. 29), bewahrt es sich diese besondre Bedeutung auch noch in den einfachen Zusammensetzungen wie z. B. ϫⲓⲛⲱⲛϩ, ⲛ *institutum vitae* §. 65. Ganz dieser besonderen Bedeutung seines Stammes entsagend und nur die Modification des Nomen verbale andeutend, erhält es eine eigenthümliche und wichtige Stellung dadurch das es vor einen vollständigen Satz tritt um diesen, indem es ihn in einen nominalen Begriff zusammenfasst, fähig zu machen in irgend ein abhängiges Verhältniss zu treten wie es sonst jedes einfache Nomen vermag. Eine vom Verbum ausgehende Nominalbildung kann dies jedoch nur von der ganz allgemein in verbaler Richtung sich bewegenden Ausdrucksweise des Begriffes thun, so dass dieser nicht als von einem besonderen Subject ausgehend gedacht wird. So muss die Sprache erst eine Zwischenbildung zu Hülfe nehmen, welche dem aus Subject und Prädicat bestehenden Satz diese allgemeine Richtung giebt, und dies geschieht durch denselben Stamm ⲡ welcher in ähnlicher Weise in der Bildung Anm. 18 Ende verwendet worden war. Nur erscheint er hier immer in der Bildung ⲟⲡⲉ §. 51, 2. Der Satz z. B. ϥϫⲉⲟⲩⲁ *maledicit* erhält diese allgemeine verbale Richtung durch das vortretende ⲟⲡⲉ, vor welches sodann das ϫⲓⲛ- zur Hervorhebung der nominalen Richtung tritt: ⲛϫⲓⲛⲟⲡⲉϥϫⲉⲟⲩⲁ „*das Dass er Böses spricht*", welche Nominalbildung nun in die verschiedenen Verhältnisse treten kann, z. B. ϩⲉⲛ ⲛϫⲓⲛⲟⲡⲉϥϫⲉⲟⲩⲁ „*in dem Dass er Böses spricht*". Dieses ⲟⲡⲉ wird aber unnöthig, sobald der verbale Ausdruck nicht an ein bestimmtes Subjekt geknüpft ist: ⲉⲛϫⲓⲛⲧⲁϫⲣⲉⲧⲏⲛⲟⲩ: εἰς τὸ στηριχθῆναι ὑμᾶς: *ad confirmandum eos*. Zu einem solchen nominalen Ausdruck kann wie zu jedem andern ein Pronomen possessivum treten und zwar hängt sich dies im Coptischen immer an den Artikel: ⲧⲁϫⲓⲛⲧⲱⲟⲩⲛ „*mein Micherheben*", ⲛⲉϥϫⲓⲛⲧⲱⲛϥ „*sein Sicherheben*", welches nach ersterer Weise ausgedrückt mit keinem wesentlichen Unterschied des Sinnes ⲛϫⲓⲛⲟⲡⲉϥⲧⲱⲛϥ „*das Dass er sich erhebt*" heissen würde. — Der bei den Bildungen mit ϫⲓⲛ- häufig eintretende Wechsel des Geschlechts erklärt sich wohl so, dass das ϫⲓⲛ- für sich genommen das männliche Geschlecht verursacht, welches sodann auf die ganze Bildung übertragen wird vgl. §. 60, während der Ausdruck als Ganzes genommen neutral aufgefasst werden kann und somit weiblich bezeichnet wird §. 36.

Wesentlich verschieden von diesen Vorderbaubildungen welche nur einer bereits vorhandenen Modification des Begriffes einen nach dem Gesetz des Vorderbau's gebildeten äusseren Ausdruck verleihen, sind die *Zusammenreihungen* zweier Begriffe zu einem einzigen, so dass jeder der beiden ein wesentliches Moment für den neuentstehenden Begriff bildet. Es geschieht dies im Coptischen so dass der herrschende allgemeinere Ausdruck den ersten Platz einnimmt, der denselben näher bestimmende jedoch den zweiten Platz. So entsteht gerade das umgekehrte Verhältniss von dem welches bei der ihrem Wesen nach verwandten Zusammensetzung im Mittelländischen herrscht. Denn auch hier werden, theils ursprünglich theils noch selbständige Wörter so vereinigt, dass das herrschende Wort „als wahres Glied des Satzes gilt und nach den Verhältnissen des Satzes sich ändert" (Ewald, *II. S. L.* §. 270 a, vgl. §. 208 b. *Spr. Abh.* II, p. 58 ff.), nur dass dieses hier nicht das letzte, sondern das erste Wort des gesammten Ausdrucks ist. Sehr deutlich tritt dies daran hervor, dass das für den ganzen Ausdruck gültige Geschlecht von dem diesem herrschenden Worte eignen entliehen wird, so dass z. B. alle Bildungen mit ⲙⲁ- männlich, alle mit ⲙⲉⲛⲧ- weiblich sind. Theils kehrt das herrschende Wort als eine ganze Klasse bezeichnend oft und regelmässig, einer grammatischen Bildung gleichend, wieder, theils tritt die Zusammenreihung als einzelner, nach dem jedesmaligen Bedürfniss besonders gebildeter Fall auf. Ersterer Art sind:

61   1. Vor allen das höchst wichtige ⲙⲉⲛⲧ- *). Dieses ist die weibliche Bildung „von einem מה oder מי *wer?* welches im Koptischen schon mit Versetzung der Laute ⲛⲓⲙ lautet" (Ewald, *Spr. Abh.* I, §. 9 Anm. 4., und zwar dient es (vgl. ebd.) „um das Sächliche anzudeuten", so dass es wie ein selbständiges Nomen mit einem anderen zusammengereiht das Was einer Person oder Sache bezeichnet. Dieses Was ist hier der herrschende Begriff, zu welchem als dem Allgemeinen das Besondere in dem den ersteren näher bestimmenden und daher im Koptischen nachgesetzten zweiten Begriff hinzukommt. Daher sind denn auch alle mit ⲙⲉⲛⲧ- gebildeten Zusammenreihungen weiblich. So z. B. ⲙⲉⲛⲧⲁⲗⲟⲩ, ⲧ *pueritia;* ⲙⲉⲛⲧⲁⲙⲣⲉ, ⲧ *officium pistoris.* Konnte der den zweiten Begriff enthaltende Stamm sich in nominaler und verbaler Richtung bewegen, so tritt das ⲙⲉⲛⲧ- mit dem Stamm in der Modification des Nomens zusammen, sei es nun dass diese noch im nackten Stamm miteinbegriffen ist oder bereits durch den Vorderbau besonders hervorgehoben werden muss, in welchem letzteren Falle stets das persönliche Nomen durch ⲡⲉϥ- §. 58 angedeutet wird: ⲙⲉⲛⲧⲁⲓⲟ, ⲧ *generatio:* ⲧⲁⲓⲟ, ⲛ *honor;* ⲙⲉⲛⲧⲡⲉϥⲛⲟⲧϭ, ⲧ *acerbitas,* in welchem Falle die Zwischenbildung mit ⲡⲉϥ- wie noch häufig gar nicht für sich allein existirt, sondern nur zum Behuf dieser weiteren Bildung geschaffen worden ist. Sehr häufig sind die Formen wie ⲙⲉⲛⲧⲁⲧϩⲏⲧ, ⲧ *dementia* von der Bildung mit ⲁⲧ- §. 64. Auch mit Fremdwörtern tritt dieses ⲙⲉⲛⲧ- zusammen: ⲙⲉⲛⲧⲁⲥⲉⲃⲏⲥ, ⲧ, der griechischen Bildung ἀσέβεια entsprechend. Sogar eine doppelte Abstraction ist möglich: ⲙⲛⲧⲛⲟⲩⲧⲉ, ⲧ *divinitas:* ⲙⲛⲧⲙⲛⲧⲛⲟⲩⲧⲉ, ⲧ S. *essentia divinitatis.* — Hatte der zweite Begriff noch eine Hinterbaubildung des Plurals, so reihte sich bei der Pluralbildung des neuen Begriffes nach dem Vorderbau das ⲙⲉⲛⲧ- doch noch an den vorhandenen alten Plural, so dass ⲙⲉⲛⲧⲟⲩⲣⲟ, ⲧ *regnum* im Plural ⲙⲉⲛⲧⲟⲩⲣⲱⲟⲩ, ⲅⲁⲛ *regna* lautet, da es ⲟⲩⲣⲟ *rex:* ⲟⲩⲣⲱⲟⲩ *reges* heisst §. 47; ebenso ⲙⲉⲛⲧⲙⲉⲱⲣⲉ, ⲧ *testimonium:* ⲙⲉⲛⲧⲙⲉⲱⲣⲉⲧ, ⲅⲁⲛ vgl. ⲙⲉⲱⲣⲉ *testis:*

ⲙⲉⲫⲣⲉⲧ, ⲣⲁⲛ §. 46; vgl. oben §. 58 ⲡⲉϩⲣⲟⲟⲩⲉ. Dasselbe tritt ein, wenn das zweite Wort eine besondre weibliche Bildung hatte: ⲙⲉⲧϩⲉⲗⲗⲟ, ⲧ senectus hominis: ⲙⲉⲧϩⲉⲗⲗⲱ, ⲧ senectus feminae, vgl. ϩⲉⲗⲗⲟ, ⲛ senex: ϩⲉⲗⲗⲱ, ⲧ anus §. 41.

2. Das zunächst *Ort* bedeutende ⲙⲁ —, welches mit dem zweiten Begriff durch das ein Verhältniss zweier Redetheile in umfassendster Weise anzeigende ⲛ verbunden wird: ⲙⲁⲛϣⲏⲛ *silva* (ϣⲏⲛ *arbor*). Häufig bezeichnet der neue Begriff in übertragener Bedeutung das was an dem Orte geschieht oder ist, ja selbst die dort wirkende Person: ⲙⲁⲛⲥⲱ, ⲛ *locus comessationis, taberna vinaria*, aber auch *comessatio*; ⲙⲁⲛⲥⲉⲏⲣⲡ *convivium (locus vini bibendi)*; ⲙⲁⲛⲟⲩⲣⲡ *acus*: ⲟⲩⲣⲡ, ⲛ *sutura*; ⲙⲁⲛϭⲁⲙⲟⲩⲗ, ⲛ *camelarius*.

3. ⲉⲁ und ⲣⲁ (was wohl nur aus ⲉⲁ abgeschwächt ist vgl. Schwartze, *K. Gr.* §. 305 S. 274. Im Mittelländischen ist dieser Lautübergang sehr häufig) bezeichnen den welcher eine Sache versteht, ihr vorsteht, und werden gleichfalls durch ⲛ mit dem zweiten Begriff verknüpft: ⲉⲁⲛⲱⲓⲕ (ⲱⲓⲕ *panis*) *pistor*; ⲉⲁⲛⲕⲟⲧⲉ S. (ⲕⲟⲧⲉ *cersutia*) *artifex versutiae, veterator*; ⲣⲁⲙϣⲉ (ϣⲉ *lignum*) *faber ligni*, auch schon ⲁⲙϣⲉ (Anm. 41); ⲣⲁⲛϣⲟ *magister millium*. Auch eine solche Bildung kann als Zwischenglied für die Bildung mit ⲙⲉⲛⲧ- dienen §. 61, welche stets ein volles Nomen verlangt: ⲉⲁⲛⲡⲉⲑⲟⲟⲩ M. *malefactor*: ⲙⲉⲧⲉⲁⲛⲡⲉⲑⲟⲟⲩ *maleficentia*. Dieses ⲉⲁ ist wohl zu unterscheiden von ⲉⲁ *pars* und dann übertragen *versus*, welches ohne ⲛ mit einem Nomen zusammengereiht wird: ⲉⲁϩⲓⲧ *septentrionem versus*.

4. Ferner gehören unter die eine ganze Klasse von Begriffen bildenden Zusammenreihungen noch die beiden Wörtchen ⲗⲁ- und ⲁⲧ-, von denen das erstere, für sich selbst stehend und als ⲗⲁⲩ *omnino* bedeutend, den Begriff des zweiten Wortes verstärkt, wie in ⲗⲁⲥⲁϫⲓ *loquax*, ⲗⲁϥⲱⲓ *valde pilosus*; das andre verneint den Begriff, indem es ihn als irgend einer Person oder Sache nicht angehörig bezeichnet, weshalb es, da es hiernach immer Nomen ist, mit ⲙⲉⲛⲧ- §. 61 weiter gebildet werden kann. So ⲁⲧⲥⲁϫⲓ *indisertus, mutus*; ⲁⲧⲛⲟⲩⲧⲉ *impius*.

Für die einzelnen Fälle der Zusammenreihung ist zu bemerken dass sie bald mit bald ohne das oben §. 62 erwähnte ⲛ verknüpft werden, und dass der erste Stamm gerne den ursprünglichen kurzen Vocal wieder eintreten lässt, da das Gewicht des Wortes um so viel gewachsen ist §. 16 Anm. 22 und ferner die so enge verbundenen Wörter wie eine Begriffseinheit so auch möglichst eine Lauteinheit bilden (Anm. 17). So ⲣⲉⲙⲛⲭⲏⲙⲓ *Aegyptius* (ⲣⲱⲙⲓ *homo*); ⲣⲉⲙϩⲉ (vgl. Peyron. *lex.* p. 150) neben ⲣⲉⲙϩⲉ *homo annonae*, qui propria gaudet annona: *liber*. Ist diese Erklärung richtig, so zeigt der ganz nach Art der mittelländischen Zusammensetzung, was jedoch auch zuweilen beim semitischen status constructus hervortritt Ewald. *H. S. L.* §. 270 a, gebildete Plural ⲣⲉⲙϩⲉⲉⲩ (S. ⲣⲉⲙϩⲉⲉⲧⲉ) §. 46 wie enge diese Zusammenreihung zwei Begriffe verknüpft hat, so dass die Sprache, nur die eine neue Begriffseinheit empfindend, den neuen Ausdruck als ob es ein einziger Stamm wäre, umbilden konnte; ϭⲙⲙⲉⲛⲣⲉϥϣⲁⲛϣ, ⲧ *mulier nutrix* §. 58; Häufiger jedoch bleibt das ⲛ fort, wie neben ⲧϣⲛⲉⲣⲙⲁⲛ *campus malorum punicorum* ⲧⲁϫⲱⲓⲧ (ϫⲱⲓⲧ *olira) oliretum,* ⲧⲟϣϣⲏⲛ (ϣϣⲏⲛ §. 51 *arbor) silva,* ⲧⲁϥⲁⲗⲟⲗⲓ (ⲁⲗⲟⲗⲓ *vitis) vinea* vorkommen; ⲥⲁⲣϭⲁⲙⲟⲩⲗ (ⲥⲟⲩⲣⲓ, ⲧ *spina) spina cameli;* ⲥⲁⲧⲉⲕⲓⲱⲧ, *parricida,* ⲥⲁⲧⲉⲕⲙⲁⲧ, *matricida,* vgl. ϩⲱⲧⲉⲃ, ⲛ *occisio,* doch muss wie aus dieser Bildung hervorgeht, auch der nackte Stamm in der Bedeutung des persönlichen Nomens existirt haben; ⲥⲁⲧⲏⲣⲡ *potator vini;* ⲥⲟⲩⲣⲟⲧ (ⲥⲓⲟⲩ *stella,* ⲣⲟⲧ *ortus)* „Aufgehstern": *stella Veneris.* — ⲙⲙⲟⲩⲯⲣⲱ, ⲙⲟⲩⲣⲱ *aqua frigida,* ⲙⲟⲩϩⲙⲱ *aqua calida;* ϥⲓⲧⲥⲛⲁⲧ „*doppelherzig";* auch mit ⲛ: ϭⲓⲝⲛⲟⲩⲛⲁⲙ *manus dextera.* — ⲛⲁⲓϣⲧⲛⲛⲁⲧ *magna haec facies;* ϩⲁⲛϧⲟⲩϫⲓⲛⲁⲗⲱⲟⲩⲓ *parvi liberi.* Wird so das Nomen adjectivum der herrschende Theil, so kann es neutral aufgefasst werden §. 36: ⲧⲛⲟϭⲛⲕⲟ *magnus canalis;* ⲧⲛⲟϭⲛⲥⲓⲝ *characteres majusculi;* ⲧⲥⲉⲧⲓⲟϥⲓ „*satum agri":* ager satus. — Ferner gehören hierher die Zusammenreihungen, bei welchen das erste allgemeinere Glied durch ein zweites näher bestimmt wird, dessen Stamm bereits in der Sprache so erstarrt ist, dass er ganz unseren Verhältnisswörtern entspricht, z. B. ⲫⲱⲣϫⲑⲟⲗ, ⲧ *ⲁϥⲁⲗϭⲙⲁ, portio quae in sacrificiis separatur* (vgl. §. 77): ⲫⲟⲣϫⲑⲟⲗ, ⲫⲱⲣϫⲑⲟⲗ *dividere, separare.* Alle diese Bildungen sind daher ebenso wie die anderen Zusammenreihungen in ein Wort zu schreiben, da sie wie diese einer neuen Begriffseinheit entsprechen.

Ich lasse noch eine systematische Zusammenstellung solcher Nomina folgen, deren Stämme sich ursprünglich in nominaler und verbaler Richtung bewegen konnten und welche nur den nackten Stamm, höchstens vermehrt durch die sprachlich wirkungslos gewordenen Hinterbaubildungen oder deren Reste, darbieten, um so die im Stamm selbst vor sich gehende Entwicklung des vocalischen Lautes und dessen Verhältniss zur Entwicklung der Bedeutung übersichtlich darzustellen und so einen weiteren Beleg für unsere obigen einleitenden Auseinandersetzungen zu geben. Die Anordnung ergiebt sich nach dem von uns angenommenen Gang der Entwicklung einfach: zuerst geben wir Stämme mit kurzem Stützvocal, dann solche mit langem und endlich Stämme mit doppeltem Stützvocal. Innerhalb jeder dieser Klassen unterscheiden wir die Stämme welche männlich sind und daher nach unserer Annahme auf Hinterbaubildungen der ersten Gattung §. 26 zurückgehen, und die Stämme welche weiblich sind und daher ursprünglich die weibliche Hinterbaubildung besessen haben müssen §. 36 ff. Innerhalb jeder einzelnen dieser Gattungen ordnen wir die Stämme nach den Vocalen, mit welchen sie in der nominalen Richtung auftreten und (vgl. §. 18) zwar so dass wir auf die Stämme mit A, I, U die Stämme mit E und O und mit Diphthongen folgen lassen. Die von uns angenommene vocalische Entwicklung bedingt dass dieselben Stämme mit gleicher Bedeutung auf verschiedenen Stufen dieser Entwicklung wiederkehren, und die Tabellen werden dies Verhältniss als wirklichen Sachverhalt häufig ergeben.

33

A. Stämme mit kurzem Vocal.

I. Nomina masculina.

1. Stämme welche in nominaler und verbaler Richtung denselben Vocal darbieten.

ⲥⲁϫⲓ, n *sermo*: ⲥⲁϫⲓ *loqui*.

ⲛⲁⲓ, n *misericordia*: ⲛⲁⲓ *misereri*; S. ⲛⲁ, n: ⲛⲁ.

ⲑⲁⲙⲓⲟ, n *factura*, *opus*: ⲑⲁⲙⲓⲟ *facere*.

ⲧⲁⲗϭⲟ, n *sanatio*: ⲧⲁⲗϭⲟ *sanare*.

ⲥⲗⲁⲧ, n *lapsus*: ⲥⲗⲁⲧ *labi*. Vgl. ⲥⲗⲁⲁⲧⲉ §. 79.

ⲥⲁϩⲟⲩⲓ, n *convicium*: ⲥⲁϩⲟⲩⲓ *conviciari*, S. ⲥⲁϩⲟⲩ, n: ⲥⲁϩⲟⲩ.

ⲣⲁϣⲓ, n *laetitia*: ⲣⲁϣⲓ *laetari*.

ⲱϣⲓ, n *suspensio*: ⲱϣⲓ *suspendere*; S. noch ⲉϣⲧ mit der Hinterbaubildung, von welcher im M. noch - ⲓ vorhanden ist.

ⲥⲓⲛⲓ, n *occasus* (*solis*), *obitus*: ⲥⲓⲛⲓ *praetergredi*.

ⲛⲓϥⲓ, n *inspiratio* und *spiritus*: ⲛⲓϥⲓ *flare*.

ⲓⲃⲓ, n *sitis*: ⲓⲃⲓ *sitire*; S. ⲉⲓⲃⲉ.

ϥⲓⲣⲓ, n *narratio*: ϥⲓⲣⲓ *narrare*.

ϥⲓⲥⲓ, n *coctio*: ϥⲓⲥⲓ *coquere*.

ⲥⲓⲧ, n *satio*: ⲥⲓⲧ *serere*.

ϣⲓⲥⲓ, n *labor*: ϣⲓⲥⲓ *pati*.

ⲕⲓⲙ, n *motus*: ⲕⲓⲙ *movere*. Vgl. §. 30.

ⲗⲓⲃⲓ, n *insania*: ⲗⲓⲃⲓ *insanire*.

ϣⲓⲡⲓ, n *pudor*: ϣⲓⲡⲓ *erubescere*; vgl. ⲁϧⲓⲟ mit dem Wechsel des ϣ und ⲭ. S. ⲥⲓϣⲉ, n *amaritudo* und *fel*: ⲥⲓϣⲉ *amarum esse*.

ϭⲓⲥⲓ, n *elevatio*: ϭⲓⲥⲓ *elevare*.

ⲉⲙⲓ, n (S. ⲉⲓⲙⲉ, B. ⲓⲙⲓ) *scientia*: ⲉⲙⲓ (S. ⲉⲓⲙⲉ, B. ⲉⲙⲉⲓ) *scire*.

ⲙⲉⲛⲣⲉ, n *amor*: ⲙⲉⲛⲣⲉ *amare* vgl. §. 28. 34. S. ⲙⲉⲣⲉ vgl. Anm. 49.

ⲙⲉⲓ, n *amor*: ⲙⲉⲓ *amare*; S. ⲙⲉ, n: ⲙⲉ.

S. ⲙⲉⲥⲧⲉ *odibilis*: ⲙⲉⲥⲧⲉ *odisse* vgl. unten ⲙⲟⲥⲧⲓ.

ϣⲗⲏⲗ, n *oratio*, *prex*: ϣⲗⲏⲗ *orare*.

ϩⲉⲙⲥⲓ, n *sessio*: ϩⲉⲙⲥⲓ *sedere*.

ⲉⲣϧⲉ, n S. *otium*, *occupatio*: ⲉⲣϧⲉ *otiari*, *vacare*, *operam dare*.

ϣⲉⲙⲓ, n *calor*: ϣⲉⲙⲓ *fervidum esse*.

ⲕⲉⲛⲓ, n *pinguedo*: ⲕⲉⲛⲓ *pinguescere*.

ⲥⲉⲙⲓ, n *intercessio*: ⲥⲉⲙⲓ *intercedere*, *intercessurus apparere*.

ⲑⲉⲃⲓⲟ, n *humilitas*: ⲑⲉⲃⲓⲟ *humiliare*.

ⲛⲉϩⲥⲓ, n *expergefactio*: ⲛⲉϩⲥⲓ *excitare*.

ⲥⲉⲡⲓ, n *reliquum*: ⲥⲉⲡⲓ *superesse*. Vgl. ⲥⲉⲉⲡⲉ §. 78. ⲥⲱϫⲡ §. 79.

5

ⲟⲧⲥⲓ, n *longitudo:* ⲟⲧⲥⲓ *longum esse,* S. ⲟⲧⲥ, n: ⲟⲧⲥ.
S. ϣⲥⲓ, n *fluctuatio:* ϣⲥⲓ *fluctuare.*
ⲧⲉⲃ, n *digitus,* n: ⲧⲉⲃ *signare* (vgl. δάκτυλος: δεικνύναι, digitus: in-dic-are).
Vergl. ⲧⲏⲃ, n §. 73. 65.
ϭⲟⲕ, n *diminutio:* ϭⲟⲕ *imminui.*
ⲁⲡⲟϣ, n *frigus:* ⲁⲡⲟϣ *frigescere.*
ⲥⲟⲙϭⲉϩⲟⲗ, n *exspectatio:* ⲥⲟⲙϭⲉϩⲟⲗ *exspectare.*
ⲟϩⲓ, n *statio* und übertragen auf besondre Arten: *caula, grex, monasterium:*
ⲟϩⲓ *stare.* Vgl. ⲟⲟϩⲉ, n §. 78. ⲟⲧⲱϩ §. 74.
ϭⲣⲟ, n *victoria:* ϭⲣⲟ *vincere.*
ⲥⲟⲃⲧ, n *praeparatio:* ⲥⲟⲃⲧ *praeparare.* Vgl. ⲥⲉⲃⲧⲱⲧ §. 34.
ϭⲣⲟϩ, n *defectus:* ϭⲣⲟϩ *inferiorem esse.*
ⲙⲟⲥⲧⲓ, n *odium:* ⲙⲟⲥⲧⲓ *odisse.* Siehe oben ⲙⲓⲥⲧⲉ.
ⲥⲟⲛⲥ, n *oratio:* ⲥⲟⲛⲥ *orare* vgl. §. 30.
ϩⲣⲟϣ, n *gravitas, pondus:* ϩⲣⲟϣ *gravem esse.* Vgl. ϩⲣⲟϣ, n §. 75.
ⲭⲛⲟⲥ, n *corruptela:* ⲭⲛⲟⲥ *putrescere.*
ⲟⲕⲉⲙ, S. ⲟⲛⲙ, n *tristitia:* ⲟⲕⲉⲙ, S. ⲟⲛⲙ *tristem esse.* Vgl. ⲱⲕⲉⲙ §. 74.
ⲝⲟ, n S. *salio* und *semen, planta:* ⲝⲟ *serere;* M. ϭⲟ, n *semen, planta:* ϭⲟ *serere.*
ⲥⲟϭⲛⲓ, n *consilium:* ⲥⲟϭⲛⲓ *consulere.* S. ϣⲟϫⲛⲉ, B. ϣⲁⲝⲛⲓ.
ϭⲟⲝ, n *tincturae,* ϭⲟⲝ, n *morbi genus,* nach Peyron lex. p. 421: *pigmentum, obsonium:* ϭⲟⲝ *intingi.*
ϫⲫⲟ, n *genitus, proles, filius:* ϫⲫⲟ *gignere.*
ϭⲟⲟⲧ *saccus, cilicium:* ϭⲟⲟⲧⲉϭⲟⲧⲛ *coarctari.* Vgl. ϭⲱⲟⲧ §. 69.

65   2. Stämme welche in der nominalen und verbalen Richtung verschiedene Vocale darbieten und zwar

a) in beiden Richtungen den kurzen Vocal.

ⲕⲉⲗ, n *crura, femora:* ⲕⲉⲗ *vulvere, plicare;* vgl. ⲕⲉⲗⲓ, ⲟⲧ *membrum, junctura ossium, genu, femur.*
ⲡⲣⲁϣ, n *canalis:* ⲛⲉⲣϣ *extendere.* Vgl. unten ⲛⲱⲣϣ.
ⲣⲁⲙⲁ, n *sublimitas:* ⲣⲉⲙ *sublimem esse.*
ⲓϧⲧ (S. ⲉⲓϧⲧ, ⲉⲓⲃⲧ) *clavus:* ⲟϧⲧ *infigere (clavis)*
ϣⲓⲧ, n *vomitus:* ϣⲁⲧ *vomere.*
ϣⲟⲃⲓ, n *hypocrita:* ϣⲁⲃⲓ *varium esse.*
ⲟⲧⲟⲃϣ, n *albus:* ⲟⲧⲃⲁϣ *album esse,* vgl. ⲟⲧⲃⲁϣ, ⲧ *albedo* §. 72.

b) In der nominalen Richtung ist der kurze Vocal bewahrt, während er sich in der verbalen bereits weiter entwickelt hat.

S. ⲛⲣⲁϣ, n *canalis:* ⲛⲱⲣϣ *extendere.* Vgl. oben ⲛⲉⲣϣ.

ⲕⲁⲥ, ⲛ os: ⲛⲁⲓⲥ curare cadaver. Vgl. §. 69.
ⲟⲧⲁϧⲟ, ⲛ diversorium, hospitium: ⲟⲧⲱϧ stare, consistere.
ⲡⲁϭⲓ, ⲛ dealbator, qui lacat: ⲡⲁⲥ lavare.
ⲕⲁⲗ, ⲛ crura, ⲕⲉⲗⲓ, ⲛ membrum: ⲕⲱⲗ volvere. Vgl. oben ⲕⲉⲗ. Das griechische κῶλον lautet gewiss nur zufällig an.
ϣⲁϥⲧ, ϣⲁϥⲉ impius: ϣⲁⲓϥⲓ derelinquere, errare.
ϣⲟⲧⲓⲉ, ⲛ locus aridus: ϣⲱⲟⲧⲓ arcescere.
ⲟⲥⲡⲛ, ⲛ acus: ⲟⲩⲡⲛ suere.
ⲧⲟⲣϧ, ⲛ M. pupilla oculi: S. ⲥⲓⲱⲣϧ cidere. Gewiss ist im M. auch die verbale und im S. auch die nominale Richtung der Bedeutung vorhanden gewesen.
S. ⲟⲃⲉ, ⲛ subactio: ⲱϧⲉ, ⲱⲃⲉ, ⲱⲕ domare.
ϧⲟⲙ, ⲛ sutor: ϧⲟⲙⲙ calcare.
ⲥⲟⲟⲧ, ⲛ saccus, cilicium: ⲥⲱⲟⲧ coarctari. Vgl. ⲥⲟⲟⲧ §. 67.
ⲧⲣⲟⲡ, ⲛ offendiculum: ⲧⲱⲣⲡ offendere.
ⲙⲟⲧⲧ, ⲛ temperamentum: ⲙⲟⲧⲁⲧ commisceri; vgl ⲙⲟⲧⲁⲧ, ⲛ miscela, compositio.
ⲟⲟϣ, ⲛ finis: ⲟⲱϣ statuere. Vgl. ⲟⲁⲓϣ, ⲛ dispositio, finis.
ϧⲟⲡ, ⲛ nuptiae: ϧⲱⲡ desponsare.
ⲗⲟⲙ, ⲛ tabes: ⲗⲱⲙⲙ marcescere.
ⲧⲱⲙ, ⲛ sepes: ⲧⲱⲙ claudere.
ϩⲃⲟⲥ, ⲛ vestis: ϩⲱⲃⲥ legere. Vgl. ϩⲱⲃⲥ, ⲛ §. 74. ϩⲃⲟⲟⲥ, ⲛ §. 79. ϩⲕⲱⲱⲥ, ⲛ §. 79. ϩⲃⲥ, ⲧ §. 72.
ⲧⲟⲧⲥ, ⲛ sedes: ⲧⲱⲧⲥ infigere. Vgl. ⲧⲟⲧⲥ, ⲧ tabula §. 69.
ⲥⲟϧ, ⲛ potiones: ⲥⲁϩϧ percolare.

II. Nomina feminina.

1. Stämme welche ausser mit der Femininbildung noch in verbaler und no- 69
minaler Richtung, d. h. auch in der auf die Hinterbaubildungen erster Gattung zurückführenden Gestaltung des Wortes vorkommen. Der Vocal hat sich häufig nur in der Bildung des Femininums kurz erhalten.

ⲣⲁⲛϧⲓ (S. ⲣⲁⲛϧⲉ, ⲣⲟⲛϧⲉ), ⲧ lignum: ⲣⲱⲛϧ incendere: ⲣⲱⲛϧ, ⲛ incendium.
ⲫⲁϣⲓ (S. ⲡⲁϣⲉ, ⲡⲁϣ), ⲧ dimidium: ⲫⲱϣ dividere: ⲫⲱϣ, ⲛ divisio.
ⲛⲁϩⲃ ⲧ S. collum, humerus: ⲛⲟϩⲃ jungere currum: ⲛⲁϩⲃ, ⲛ jugum.
ϣⲁⲧⲥ, ⲧ fossa: ϣⲉⲧ, ϣⲱⲧ exscindere, secare, und übertragen mactare, sacrificare: ϣⲱⲧ, ⲛ incisio, res sacrificata, victima, ϣⲱⲧ, ⲛ farina („das Zerschrotene").
ⲫⲁϣⲛⲓ, ⲧ ministerium: ⲫⲱϣⲉⲛ ministrare: ⲫⲱϣⲉⲛ, ⲛ ministerium.
ⲟⲧⲁⲟⲛⲓ, ⲧ foramen: ⲟⲧⲱⲧⲉⲛ perforare: ⲟⲧⲱⲧⲉⲛ, ⲛ foramen.
ϧⲁⲧⲃⲉⲥ, ⲧ occisio, homicidium: ϧⲱⲧⲃ occidere: ϧⲱⲧⲃ, ⲛ occisio. Vgl. unt ϧⲟⲧⲃⲉⲥ, ⲧ.
ⲟⲧⲁϣⲥ, ⲧ latitudo: ⲟⲧⲱϣⲥ, ⲟⲧⲱϣⲉ latum esse: ⲟⲧⲱϣⲥ, ⲛ latitudo.

ϣⲓⲏ, ⲧ *longitudo*: ϣⲓⲁⲓ *produci, crescere*: ϣⲓⲁⲓ, ⲛ *longitudo*.
ⲟⲧⲉⲓϣⲥⲓ, ⲧ *latitudo*: ⲟⲧⲟⲩϣⲉ, ⲟⲧⲩⲓϣⲉ *latum esse*: ⲟⲧⲩⲓϣⲉ, ⲛ *latitudo*. Vergl.
ⲟⲧⲛⲩϭⲓ, ⲧ §. 75.
ⲥⲉⲛϯ, ⲧ *basis, fundamentum*: ⲥⲱⲛⲧ *formare, creare*: ⲥⲱⲛⲧ, ⲛ *creatio*.
ⲉⲃϣⲓ, ⲧ *oblivio, somnium, deliratio, hallucinatio*: ⲱⲃϣ *oblivisci, ignorare, dormire*: ⲱⲃϣ, ⲛ *oblivio, somnus*. Vgl. unten ⲟⲃϣⲉⲥ.
ⲣⲉⲃⲥ, ⲧ *tegumentum*: ⲣⲉⲃⲥ, ϩⲱⲃⲥ *tegere*: ϩⲱⲃⲥ, ⲛ *tegumentum*. Vgl. §. 70.
ϣⲉⲃⲓⲱ, ⲧ (S. ϣⲃⲉⲓⲱ, ⲧ): *permutatio*: ϣⲉⲃⲓⲉ *permutare*: ϣⲉⲃⲓⲉ, ⲛ *permutatio*.
ⲟⲛⲃ, ⲧ *rictus*: ⲱⲛⲃ *vivere*: ⲱⲛⲃ, ⲛ *vita*.
ⲥⲟⲗⲕⲥ, ⲧ *extensio*: ⲥⲱⲗⲕ *tendere*: ⲥⲱⲗⲕ, ⲛ *contensio*.
ⲕⲟⲥ, ⲧ *sepulcrum*: ⲕⲉⲥ, ⲕⲟⲥⲉ, ⲕⲟⲥ, ⲕⲱⲥ M., ⲕⲟⲟⲥ, ⲕⲱⲥ, ⲕⲱⲱⲥⲉ, ⲕⲱⲱⲥ S. *curare cadaver*: ⲕⲟⲥ, ⲕⲱⲥ, ⲛ *curatio cadaveris*. Vgl. §. 73. 75. 77. 78. 79.
ⲧⲟⲉ, ⲧ (ⲧⲟ, ⲧ) S. *pars*: ϯ *dare*: ϯ, ⲛ *datio*.
ϥⲟⲣϣⲓ, ⲧ *mappa, tela linea*: ⲫⲱⲣϣ *expandere*: ⲫⲱⲣϣ, ⲛ *stratum*.
ⲥⲟⲣⲙⲉⲥ, ⲧ *error*: ⲥⲱⲣⲙ *errare*: ⲥⲱⲣⲙ, ⲛ *error*.
S. ⲥⲟⲣⲥ, ⲧ *laqueus, insidiae* (ⲥⲉⲣⲟⲥ, ⲧ? *rete*): ⲥⲱⲣⲥ *insidiari*: ⲥⲉⲣⲏⲥ, ⲛ *venator* (vgl. ⲣⲉϥⲥⲱⲣⲥ *venator* §. 58).
ⲧⲟⲧⲥ, ⲧ *tabula, sedes*: ⲧⲱⲧⲥ *infigere*: ⲧⲱⲧⲥ, ⲛ *sedes*. Vergl. oben ⲧⲟⲧⲥ, ⲛ §. 68.
ϩⲟⲧⲃⲉⲥ, ⲧ *occisio, strages*: ϩⲱⲧⲃ *occidere*: ϩⲱⲧⲃ, ⲛ *occisio*. Vgl. oben ϩⲁⲧⲃⲉⲥ, ⲧ.

Wahrscheinlich gehören hierher auch:

ⲟⲃϣⲉ (ⲧ?) S. *ignorantia*: ⲱⲃϣ *oblivisci, ignorare, dormire*: ⲱⲃϣ, ⲛ *oblivio, somnus*.
S. ϣⲟⲃⲉ (ⲧ?) *praeda*: ϣⲱⲃ *spoliare*: ϣⲱⲃ, ⲛ *praedatio*.
ⲟⲥⲃ (ⲧ?) *falx*: ⲱⲥⲃ *metere*: ⲱⲥⲃ, ⲛ *messis*.
ⲕⲟⲧⲥ (ⲧ?) *conversio, orbis, circuitus*: ⲕⲱⲧ *convertere*: ⲕⲱϯ, ⲛ *circuitus*.
ⲕⲟⲗⲥ (ⲧ?) *furtum*: ⲕⲉⲗⲛ, ⲕⲱⲗⲛ *furari*: ⲕⲱⲗⲛ, ⲛ *furtum*

70 2. Der Femininbildung steht der Stamm nur in verbaler, nicht zugleich auch in nominaler Richtung gegenüber und zwar zunächst mit Bewahrung des kurzen Vocals.

ⲥⲁⲧⲛⲥ, ⲧ *exterminium*: ⲥⲟⲧⲛ *exterminare*. Vgl. §. 71.
ⲧⲁⲧⲥⲓ und ⲧⲁⲧⲥ (was nicht wie Peyron lex. p. 256 vermuthet, falsch zu sein braucht, da der zu der Femininendung gehörende kurze Hülfsvocal sowohl vor wie nach seinem Consonanten stehen kann, nach dem im Coptischen überhaupt gültigen Gesetz §. 12), ⲧ *planta (pedis), vestigium, gressus*: ⲧⲟⲟⲧⲉ S. *gredi*.
S. ⲙⲟⲧⲛⲉⲥ, ⲧ *requies*: ⲙⲟⲧⲛ *quiescere*.
ϧⲟⲧⲉ, ⲧ *abominatio*: ϧⲟⲧ *abominari*.

Wahrscheinlich gehören hierher auch:

ⲙⲟⲕⲣⲥ *dolor*: ⲙⲕⲁϩ *affligere*.

мοϩϥ, ϩⲁⲛ *torturas*: die verbale Richtung des Stammes ist nicht mehr im Gebrauch; aus dem Vergleich mit мοϩϥϥ, n und ohne die Hinterbaubildung мοϩϥ, n *zona, cingulum* §. 27 scheint hervorzugehen, dass sie etwa die Bedeutung *circumcludere, premere* gehabt hat.

Oefter ist in des Stammes verbaler Richtung der Vocal bereits gedehnt, während er sich in dieser Nominalbildung noch kurz erhalten hat. 71

ⲛⲁϥϭⲉ, ⲧ *sputum, saliva*: ⲛⲱϭⲉ *separare*. Vgl. §. 38 Anm.
ϭⲁⲧⲛⲉⲥ, ⲧ *exterminium*: ϭⲁⲧⲛ *exterminare*. Vgl. §. 70.
ⲧⲣⲁⲙⲉ, ⲧ *subula*: ⲧⲱⲡⲛ *suere*.
ⲟⲩⲁⲙⲉⲧⲓ, ⲧ *cancer* (γάγγραινα): ⲟⲩⲱⲙ *consumere*.
ⲛⲉϩϯ, ⲧ *implexio*: ⲛⲟϩⲃⲧ *plectere*
ⲛⲟϭⲉ, ⲧ *fragmentum, trabs* (vgl. ⲛⲟϭⲥ, ϩⲁⲛ §. 38 Anm.): ⲛⲱϭⲉ *separari, rumpi*. S. ϩⲟⲧⲉ, ϧⲟⲧⲉ, ⲧ *abominatio*: ϧⲩⲧⲉ *abominari*.
ϩⲃⲱ, ⲧ (das ⲱ ist ⲟ mit der Femininendung: ohne dieselbe: ϩⲃⲟ, ⲧ §. 40) *vestis*: ϩⲃⲱⲥ *tegere*. Vgl §. 69.

Vielleicht gehört hierher:
ⲧⲁⲧⲱ (ⲧ?) *sartago, cremium*: ⲧⲱⲧ *coquere*.

3. Femininbildung und nackter Stamm in nur verbaler oder zugleich auch 72 noch nominaler Richtung lauten ganz gleich, indem entweder die Reste der Femininbildung mit denen der Hinterbaubildungen erster Gattung lautlich zusammenfallen oder die Reste beider ganz abgeschliffen sind.

ⲛⲁϩⲧⲉ, ⲧ *protectio*: ⲛⲁϩⲧⲉ, n *protectio* und *protector*. Vgl ⲉⲣⲛⲁϩϯ *protegere* Anm. 49.
ⲟⲩⲃⲁϣ, ⲧ *albedo*: ⲟⲩⲃⲁϣ *album esse*: ⲟⲩⲃⲁϣ, n *albedo*. Vgl ⲟⲩⲁⲃⲏⲛ, n §. 68.
ⲙⲁⲓ, ⲧ *justificatio*: ⲙⲁⲓ *justificari*.
ϭⲓⲥⲓ, ⲧ *dorsum*: ϭⲓⲥⲓ *elevare*: ϭⲓⲥⲓ, n *elevatio*.
ⲙⲓⲥⲓ, ⲧ B. *puerperium*: ⲙⲓⲥⲓ *gignere*: ⲙⲓⲥⲓ, n M. *nativitas, natus, proles*.
ϭⲓⲟⲩⲓ, ⲧ *furtum*: ϭⲓⲟⲩⲓ *furari*.
ϩⲉⲙⲉ, ⲧ S. *naulus*: ϩⲉⲙⲓ M., ϩⲙⲙⲉ S. *regere, administrare*.
ϩⲃⲥ, ⲧ *tegumentum*: ϩⲉⲃⲥ *tegere*. Vergl ϩⲟⲃⲥ, n §. 68. ϩⲩⲃⲥ, n §. 74. ϩⲃⲟⲟⲥ, n §. 78.
ⲙⲟⲛⲓ, ⲧ *nutrix*: ⲙⲟⲛⲓ *nutrire*.
ⲙⲟϩ, ⲧ *arsio, accensio*: ⲙⲟϩ *illuminare*: ⲙⲟϩ, n *adspectus*
ⲥⲟϭ, ⲧ *stultitia*: ⲥⲟϭ *stultus*. Vgl. ⲡⲥⲟϭ Anm. 48 *stultum esse*.

B. Stämme mit langem Vocal.

I. Nomina masculina.

73 1. Stämme welche in ihrer nominalen Richtung den Vocal bereits verlängert haben, während die verbale Richtung noch den kurzen Vocal darbietet.

ⲗⲟⲧⲛ, n *buccae angulus*: ⲟⲗⲕ *curvare*.

ⲛⲟⲧⲧϥ, n *hilaritas*: ⲛⲉⲧϩ *hilarem esse* (Ueber den häufigen Wechsel von ⲁ und ϥ vgl. Schwartze, Kopt. Gr. §. 240 S. 235 f.

ⲥⲟⲧⲣ, n *favilla*: ⲥⲉⲣⲉ *accendere*. Vgl. unten ⲥⲱⲡ, n *fumus* (§. 7).

ⲧⲛⲃ, n *digitus*: ⲧⲉⲃ *signare*. Vgl. ⲧⲉⲃ, n §. 67. 85.

ϣⲛⲉⲓ, n S. *puteus*, *cisterna*: ϣⲛⲉⲓ *fluctuare*.

ϭⲏⲍⲓ, n *purpura*: ϭⲟⲍ *intingi*.

ⲥⲛⲕ, ⲅⲁⲛ *arma*: ⲥⲉⲛ *cingere*. Vgl. ⲥⲛⲕ *cingere* §. 74.

ϣⲗⲏⲗ, n *oratio*: ϣⲗⲗ *orare*. Vgl. ϣⲗⲗ, n §. 67 und ϣⲗⲏⲗ *orare* §. 74.

ⲙⲟⲧⲉ, n *bellum*: ⲙⲟⲧⲉ *bellare*. Vgl. ⲙⲟⲧⲉ §. 74.

ⲕⲱⲥ, n *curatio cadaveris*: ⲕⲟⲥⲉ, ⲕⲟⲥ *curare cadaver*. Vgl. §. 69. 75. 77. 78. 79.

ⲥⲱⲧ, n *redemptio*: ⲥⲉⲧ *redimere*.

ⲥⲱⲡ, n *fumus*: ⲥⲉⲣⲉ *accendere*. Vgl. oben ⲥⲟⲧⲣ, n *favilla* (§. 7).

ϩⲣⲱϣ, n *pondus*: ϩⲣⲟϣ *gravem esse*.

74 2. Häufiger ist der Stützvocal in der nominalen und verbalen Richtung des Stammes gleichmässig entwickelt.

ⲙⲟⲩⲛⲕ, n *deficientia*: ⲙⲟⲩⲛⲕ *deficere*.

ⲙⲟⲩⲣ, n *vinculum*: ⲙⲟⲩⲣ *ligare*.

ⲙⲟⲩϫⲧ, n *miscela*: ⲙⲟⲩϫⲧ *miscere*.

ⲛⲟⲩⲧ, n *mola; farina*: ⲛⲟⲩⲧ *molere*. Vgl. ⲛⲟⲩⲧ (ⲛⲟⲉⲓⲧ), n §. 83.

ⲛⲟⲩϣⲥ, n *insultatio*: ⲛⲟⲩϣⲥ *torpere*.

ⲓⲱⲥ, n *festinatio*: ⲓⲱⲥ *festinare*. Vgl. unten ⲓⲱⲥ.

ϣⲟⲩⲕⲣ, n *navigatio*: ϣⲟⲩⲕⲣ *navigare*.

ϣⲗⲏⲗ, n *oratio*: ϣⲗⲏⲗ *orare*. Vgl. ϣⲗⲗ §. 67. 73.

ⲉⲣⲏⲧ, n *promissio*: ⲉⲣⲏⲧ *promittere*.

ⲥⲛⲕ, ⲅⲁⲛ *arma*: ⲥⲛⲕ *armare, cingere, cingi*. Vgl. ⲥⲉⲛ §. 37, und unten ⲥⲱⲛⲕ.

ⲙⲛⲟⲩⲧⲉⲓ, n B. *cogitatio*, *memoria*: ⲙⲛⲟⲩⲧⲉⲓ *existimare*.

ⲓⲱⲥ, n *festinatio*: ⲓⲱⲥ *festinare*. Vgl. oben ⲓⲱⲥ.

ⲥⲱⲛ, n *lorum* (auch ⲥⲱⲛⲧ), *scutum*: ⲥⲱⲛ *cingere, cingi*. Vgl. oben ⲥⲛⲕ.

ⲱⲣϥ, n *quies*: ⲱⲣϥ *quietam vitam agere*.

ϣⲱⲧ, n *negotiatio*: ϣⲱⲧ *negotiari*.

ογωϩ, ⲛ mansio: ογωϩ stare. Vgl ⲟϩⲓ §. 67 (mit Abschleifung des ογ Anm. 40).
ⲱⲙⲥ, ⲛ immersio: ⲱⲙⲥ immergere.
ⲃⲱϣ, ⲛ nuditas: ⲃⲱϣ nudare.
ⲱϣ, ⲛ lectio: ⲱϣ legere.
ⲥⲱϣ, ⲛ ignominia, contemptus: ⲥⲱϣ contemnere.
ϣⲱⲡⲓ, ⲛ existentia: ϣⲱⲡⲓ existere.
ϥⲱⲧⲓ, ⲛ perditio: ϥⲱⲧⲓ abstergere.
ϣⲱⲡ, ⲛ susceptio: ϣⲱⲡ accipere.
ⲱⲕⲉⲙ, ⲛ tristitia: ⲱⲕⲉⲙ tristem esse. Vgl ⲟⲕⲉⲙ §. 67.
ϣⲱⲣⲡ, ⲛ residuum: ϣⲱⲣⲡ remanere.
ⲥⲱⲗϩ, ⲛ abstinentia: ⲥⲱⲗϩ abstinere.
ⲭⲱⲗⲉⲙ, ⲛ festinatio: ⲭⲱⲗⲉⲙ festinare.
ⲕⲱⲗϩ, ⲛ pulsatio: ⲕⲱⲗϩ pulsare.
ⲧⲱⲃϩ, ⲛ precatio: ⲧⲱⲃϩ precare.
ⲫⲱⲣϫ, ⲛ divisio: ⲫⲱⲣϫ dividere.
ⲥⲱⲛⲧ, ⲛ tentatio: ⲥⲱⲛⲧ tentare.
ⲥⲱⲣⲡ, ⲛ revelatio: ⲥⲱⲣⲡ revelare.
ⲕⲱⲙϣ, ⲛ derisio: ⲕⲱⲙϣ deridere.
ⲥⲧⲱⲧ, ⲛ tremor: ⲥⲧⲱⲧ tremere.
ⲥⲱⲗϥ, ⲛ deletio, litura: ⲥⲱⲗϥ vngere.
ⲧⲱⲙⲥ, ⲛ conjunctio: ⲧⲱⲙⲥ conjungere.
ⲫⲱⲣ, ⲛ somnium: ⲫⲱⲣ somniare.
ⲥⲱϯ, ⲛ redemptio: ⲥⲱϯ redimere.
S. ⲱⲣϫ, ⲛ firmitas: ⲱⲣϫ firmum reddere.
ⲃⲱⲧⲥ, ⲛ bellum: ⲃⲱⲧⲥ bellare. Vgl. ⲃⲱⲧⲥ §. 73.
ⲥⲱⲛⲧ, ⲛ vicinia: ⲥⲱⲛⲧ proximum esse.
ϫⲱⲣⲓ, ⲛ fortis: ϫⲱⲣⲓ fortem esse.
ⲥⲱⲧⲡ probatus, electus: ⲥⲱⲧⲡ eligere.
ϩⲱⲙⲓ, ⲛ torcular: ϩⲱⲙⲓ calcare.
S. ϭⲱϧⲉ, ⲛ dealbator: ϭⲱϧⲉ lavare.
ⲉϣⲱⲧ, ⲛ mercator: ⲉϣⲱⲧ negotiari.
ⲣⲱⲧ, ⲛ germen: ⲣⲱⲧ germinare, nasci.
S. ⲱϭⲉⲃ, ⲛ frigus: ⲱϭⲉⲃ frigescere.
ⲧⲱϭⲓ, ⲛ planta: ⲧⲱϭⲓ plantare.
ⲃⲱⲕ, ⲛ servus: ⲃⲱⲕ ire.
ⲱⲡ, ⲛ ratio: ⲱⲡ reputare.
ϩⲱⲃⲥ, ⲛ tegumentum: ϩⲱⲃⲥ tegere. Vgl ϩⲟⲃⲥ, ⲛ §. 68. ϩⲃⲟⲥ §. 76. ϩⲃⲱⲥ, ⲛ §. 79. ϩⲃⲥ, ⲧ §. 72.

II. Nomina feminina.

75 1. Ausser in der Femininbildung kommt der Stamm noch in verbaler und nominaler Richtung vor.

ⲟⲧⲏⲓϭⲓ, ⲧ *latitudo*: ⲟⲧⲱϣⲉ *dilatare*: ⲟⲧⲱϣⲉ, ⲛ *dilatatio*. Vgl. ⲟⲧⲉϣϭⲓ, ⲧ §. 69.
ϧⲣⲏϣⲓ, ⲧ M. *torques*, *monile*; ϧⲣⲏϣⲉ, ⲟⲧ S. *gracilas*, *pondus*: ϧⲟⲣϣ, ϧⲣⲟϣ M. S., ϧⲣⲁϣ M. B. *gravem esse*: ϧⲣⲱϣ, ⲛ *gravitas*. Vgl. ϧⲣⲟϣ, ⲛ §. 67.
ⲏⲡⲓ, ⲧ (ⲏⲡ, ⲧ) *numerus*: ⲁⲛⲉ *numerare*: ⲁⲛⲉ, ⲛ *numerus*. Vergl. §. 30; ⲏⲏⲡⲉ, ⲧ §. 81.
ϧⲏⲛⲓ, ⲧ *domuncula*: ϧⲏⲛ, ϧⲱⲛ *abscondere*, *abscondi*: ϧⲱⲛ, ⲛ *absconditum*, *secretum*.
ⲙⲓⲥⲓ, ⲧ *fenus*: ⲙⲓⲥⲓ *gignere*: ⲙⲓⲥⲓ, ⲛ *partus* (vgl. fenus und fetus vom Stamm FE-o).
ϣⲱⲧ, ⲧ *puteus*, *fovea*: ϣⲉⲧ *excindere*: ϣⲱⲧⲥ, ⲛ *incisio*.
ⲕⲁⲓⲥⲓ, ⲧ *sepultura*: ⲕⲉⲥ, ⲕⲱⲥ *cadaver sepelire*: ⲕⲁⲓⲥ, ⲛ *cadaver conditum*. Vergl. §. 69. 73. 77. 78. 79.

76 2. Der Femininbildung des Stammes steht dieser nur in der verbalen Richtung noch gegenüber.

ⲭⲏⲛⲓ, ⲧ *lectum*: ⲭⲁⲛ *legi*.

77 3. Der Femininbildung steht der Stamm in gleicher Form in verbaler oder nominaler Richtung oder beider zugleich gegenüber. Vergl. §. 72.

ⲉⲓ, ⲧ S. *adventus*: ⲉⲓⲉⲃⲟⲗ, ⲛ *exitus*.
ϧⲱⲧ, ⲧ *sudor*: ϧⲱⲧⲓ, ⲛ *perditio*. Doch sind hier die Stämme wohl ursprünglich verschieden.
ⲫⲱⲣⲭⲉⲃⲟⲗ, ⲧ *portio*: ⲫⲱⲣⲝ, ⲛ *divisio*: ⲫⲱⲣⲝ *dividere*.
ⲕⲁⲓⲥ, ⲧ *sepulcrum*: ⲕⲱⲥ *curare cadaver*. Vgl. §. 69. 73. 75. 78. 79.
ⲥⲟⲩⲓⲧⲉ, ⲧ *certum genus instituti*, *secta*, *religio*: ⲥⲱⲟⲩⲧⲥ, ⲛ *congregatio*. Das ⲟⲩ ist Wurzellaut, vor oder nach welchem der Stützvocal stehen kann §. 12. Daher die Form ⲥⲟⲩⲉⲛ, ⲥⲟⲩⲱⲧ, vgl. ϧⲟⲧⲧ §. 33.

C. Stämme mit doppeltem Vocal.

I. Nomina masculina.

78 1. Der kurze Vocal erscheint verdoppelt.

S. ⲥⲗⲁⲁⲧⲉ, ⲛ *lapsus*: ⲥⲗⲁⲁⲧⲉ *labi*. Vgl. ⲥⲗⲁⲧ §. 67.
S. ⲥⲉⲉⲡⲉ, ⲛ *reliquum*: ⲥⲉⲉⲡⲉ *superesse*. Vergl. ⲥⲉⲡⲓ §. 67. ⲥⲕⲏⲡⲉ, ⲛ §. 79.
S. ⲥⲟⲟⲣⲉ, ⲛ *grex*: ⲟⲣⲓ *stare*. Vergl. ⲟⲣⲓ, ⲛ §. 67.
S. ϫⲗⲟⲟⲗⲉ, ⲛ *conceptio*: ϫⲗⲟⲟⲗⲉ *concipere*.

S. ⲕⲟⲟⲛⲥ, ⲛ *cadaver*: ⲕⲟⲟⲛⲥ *involvere cadaver*. Es ist wohl derselbe Stamm wie das schon öfter erwähnte ⲛⲟⲥ u. s. w. §. 69. 73. 75. 77. 79. Ueber das Abschleifen des ⲛ siehe Anm. 27. 32. 49.

S. B. ϩⲃⲟⲟⲥ, ⲛ *linteum, vestis*: ϩⲃⲥ *tegere*. Vgl. ⲡⲟⲃⲥ, ⲛ §. 68. ⲡⲱⲃⲥ, ⲛ §. 74. ϩⲃⲱⲱⲥ, ⲛ §. 79. ϩⲃⲥ, ⲧ §. 72.

S. ⲙⲟⲟⲥ, ⲛ *pastor*: ⲥⲱϣ *contemnere*: ϣⲱⲥ 'mit Vertauschung von ⲥ und ϣ), ⲛ *dedecus*. Vgl. ϣⲱⲱⲥ, ⲛ §. 79.

2. Der lange Vocal erscheint verdoppelt.   79

B. ⲥⲏⲛⲓ, ⲛ *reliquum*: ⲥⲏⲛⲓⲥ? *reliquum esse*. Vgl. M. ⲥⲉⲛⲓ §. 67. ⲥⲉⲉⲛⲉ §. 78.
S. ⲕⲱⲱⲥ, ⲛ *cadaver conditum*: ⲕⲱⲱⲥ *curare cadaver*. Vgl. §. 69. 73. 75. 77. 78.
S. ⲗⲱⲱⲗⲉ, ⲛ *sordes*: ⲗⲱⲗ *marcescere*.
S. ϣⲱⲱⲧ, ⲛ *diminutio*: ϣⲱⲱⲧ *indigere*.
S. B. ϣⲱⲱⲧ, ⲛ *victima*: ϣⲱⲱⲧ *exscindere, jugulare, sacrificare*.
S. ⲙⲙⲱⲱⲥ, ⲛ *pastor*: ⲥⲱϣ *contemnere*. Vgl. ⲙⲟⲟⲥ, ⲛ §. 78.
S. ϩⲃⲱⲱⲥ, ⲛ *linteum, vestis*: ϩⲃⲥ *tegere*. Vgl. §. 69. 74. 78. 79. 72.
S. ϫⲱⲱⲗⲉ, *vindemia*: ϫⲱⲱⲗⲉ *vindemiare*. Vgl. S. ⲥⲟⲟⲗⲥ, ⲧ §. 91.
S. ⲛⲱⲱⲣⲉ ⲛ *fortis*: ⲛⲟⲟⲣ *fortem esse*.

3. Doppelter, aber nicht gleicher Vocal. Vgl. §. 16 Anm. 23. Statt der Ver-   80 doppelung tritt zuweilen ⲓ oder ⲩ ein. Dem Memphitischen *ā-ī* entspricht in der Regel ein Sahidisches *ē-ī*, ebenso wie dem M. *ō-ī* ein S. *ō-ī*. Ueber den wahrscheinlichen *ī*-Laut des S. ⲉⲓ, welches im S. selbst oft mit ⲓ wechselt, siehe §. 31 Anm. 37.

ⲙⲏⲓⲣⲓ (S. ⲙⲁⲓⲣⲓ), ⲛ *fasciculi*; ⲙⲟⲩⲣ *ligare*.
ⲥⲏⲓⲛⲓ (S. ⲥⲁⲓⲛ), ⲛ *medicus*: ⲥⲟⲟⲩⲛ *scire*.
ϫⲉⲙϣⲓⲛⲓ, ⲛ *recognitio*: ϫⲉⲙⲡϣⲓⲛⲓ *visitare* (ϫⲉⲙ *quaerere*).
ϧⲏⲓⲃⲓ (S. ϣⲏⲃⲉ), ⲛ *robigo*: ⲉⲣϧⲏⲓⲃⲓ (S. ⲣϣⲏⲃⲉ, ⲣϣⲏⲃⲉ) Anm. 49 *robigine obduci*.
ⲛⲟⲓⲧ (S. ⲛⲟⲉⲓⲧ), ⲛ *farina*: ⲛⲟⲩⲧ *molere*. Vgl. ⲛⲟⲩⲧ, ⲛ §. 71.
ⲛⲱⲓⲕ (S. ⲛⲟⲉⲓⲕ), ⲛ *adulterium; adulter*: ⲉⲣⲛⲱⲓⲕ *adulterum esse* Anm. 48.
ϣⲱⲓϣ (ϣⲟⲉⲓϣ S., ϣⲁⲓϣ B.), ⲛ *pulvis, ⲛ vapores*: ϫⲉⲣϣ, ϣⲱⲓϣ *spargere, dissipare*.
ϣⲱⲓⲧ (ϣⲟⲉⲓⲧ, ϣⲁⲉⲓⲧ), ⲛ *certator*: ϣⲱⲓⲧ *luctari*.
ⲥⲱⲓⲧ (S. ⲥⲟⲉⲓⲧ), ⲛ *laus, fama*: ⲥⲱⲧⲥ *extendere*. (Vgl. jedoch auch den Stamm ⲥⲁⲧⲉ *splendere*.)

S. ⲟⲧⲟⲉⲓⲧ, ⲛ *columna*: ⲟⲧⲟⲩⲧ *terminis designare*. Vgl. §. 51.
ⲟⲩⲱⲓⲛⲓ (S. ⲟⲩⲟⲉⲓⲛ, B. ⲟⲩⲁⲓⲛ), ⲛ *lumen*: ⲉⲣⲟⲩⲱⲓⲛⲓ *fulgere* Anm. 45.
ⲟⲩⲱⲓ (S. ⲟⲩⲟⲉⲓ, ⲟⲩⲟⲉⲓⲉ, ⲟⲩⲟⲓⲉ), ⲛ *agricola*: ⲉⲣⲟⲩⲟⲉⲓⲥ *colere* Anm. 48.
ϫⲟⲓⲥ, ϭⲟⲓⲥ (S. ϫⲟⲉⲓⲥ), ⲛ *dominus*: ϫⲓⲥⲓ *elevare*.
ⲧⲱⲟⲩⲛ, ⲛ *resurrectio*: ⲧⲱⲟⲩⲛ *resurgere*. Vgl. ⲧⲱⲛ, ⲧⲱⲱⲛ, ⲧⲟⲩⲛ.

II. Nomina feminina.

81   1. Verdoppelung des kurzen Vocals.

B. ⲙⲁⲁⲛⲓ, ⲧ *nutrix:* ⲙⲁⲁⲛⲓ *pascere.*
B. ϩⲁⲁⲗⲓ, ⲧ *aerugo:* ⲉⲗϩⲁⲁⲗⲓ Anm. 48 *putrescere, corrumpi.*
S. ⲙⲟⲟⲛⲉ, ⲧ *nutrix:* ⲙⲟⲟⲛⲉ *pascere.*
S. ϩⲟⲟⲗⲉ, ⲧ *aerugo.* Vgl. oben B. ϩⲁⲁⲗⲓ, ⲧ : ⲉⲗϩⲁⲁⲗⲓ.
S. ϭⲟⲟⲗⲉⲉ, ⲧ *vestis:* ϭⲟⲟⲗⲉ *vestire.*
S. ϭⲟⲟⲗⲉⲉ, ⲧ *amputatio:* ⳁⲱⲱⲗⲉ *vindemiare.* Vgl. ⳁⲱⲱⲗⲉ, ⲛ §. 79.

82   2. Verdoppelung des langen Vocals.

S. ⲏⲏⲡⲉ, ⲧ *numerus:* ⲁⲛⲉ *numerare.* Vgl. ⲏⲡⲓ, ⲧ und ⲕⲛ, ⲧ §. 75.

83   3. Doppelter, aber nicht gleicher Vocal.

ϩⲁⲓⲃⲓ, ⲧ *umbra:* ϩⲃⲉ *tegere* (das wurzelhafte ⲉ hat sich in ϩⲁⲓⲃⲓ abgeschliffen.)
S. ⲙⲟⲉⲓϩⲉ, ⲧ *admiratio:* ⲙⲟⲉⲓϩⲉ *mirus:* ⲉⲣⲙⲟⲉⲓϩⲉ Anm. 48 *mirari.*
S. ⲛⲟⲓϩⲉ, ⲧ *aemula:* ⲛⲱϩ *aemulari.*
ⲕⲗⲱⲓⲗⲓ, ⲧ *secundina* (qua foetus involvitur): ⲕⲗ *volvere.* Vgl. §. 68. 85.

84   Auch Stämme von nur nominaler Richtung erfahren diese vocalische Entwicklung. Wir führen einige Beispiele an.

S. ⲁⲁϥ, ⲧ: ϩⲁϥ, ⲁϥ, M. ⲁϥ, ⲧ: *musca.*
S. ⲟⲟⲧⲉ, ⲧ: M. ⲟⲧ, ⲧ *vulva.*
S. ϣⲁⲁⲣ, ⲛ: S. M. ϣⲁⲣ, ⲛ *pellis.*
S. ⲁⲉⲉⲙ, ϩⲁⲛ: M. ⲁⲉⲙ *grossi.*
S. ⲥⲟⲟⲛⲓ, ⲛ (B. ⲥⲁⲁⲛⲓ, ⲛ): M. ⲥⲟⲛⲓ, ⲛ *latro.*
S. ⲟⲩⲟⲟϩⲉ, ⲧ: ⲟⲩⲟϩⲉ, ⲧ *scorpius.*
S. ⳁⲱⲱⲙⲉ, ⲛ: M. ⳁⲱⲙ, ⲛ *liber.*
S. ⲙⲁⲁϫⲉ, ⲛ: M. ⲙⲁϫⲉ, ⲛ *auris.*
S. ⲛⲁⲁϫⲉ, ⲧ: M. ⲛⲁϫⲣⲓ, ⲧ *dens.*
S. ⲥⲗⲟⲟⲥⲉ, ⲧ: ⲥⲗⲟⲥⲉ, ⲧ *scala.*
S. ⲕⲁⲉⲓⲡ (ⲕⲁⲓⲡⲉ, ⲛ *butyrus*) *caseus.*
S. ϩⲁⲉⲓⲧ, ⲧ *vestibulum, atrium.*
ⲣⲏⲓⲥⲓ, ⲛ: ⲣⲏⲥⲓ, ⲣⲓⲥⲓ, ⲛ *pulvis.*
ⲉϥⲏⲓϯ, ⲟⲧ: S. ⲥⲏⲏⲧⲉ, ⲥⲏⲏⲧⲉ *spuma.*
ⲙⲏⲓⲛⲓ (S. ⲙⲁⲉⲓⲛ, B. ⲙⲏⲓⲛ), ⲛ *signum.*
ⲥⲏⲓⲛⲓ, ⲧ: S. ⲥⲓⲛⲓ, ⲧ *vomer.*
ⲥⲗⲏⲓⲙⲓ, ⲛ *nasturtium.*
ⲙⲱⲓⲧ (S. ⲙⲟⲉⲓⲧ), ⲛ *via.*
S. ⲕⲟⲉⲓϩ (M. ⲛⲟⲓϩⲓ): ⲛⲱϩⲓ, ⲛ *vagina.*

S. ⲥⲟⲉⲓⲏ (B. ⲙⲁⲓⲏ): M. ⲙⲱⲏ, ⲛ *par, jugum*.
S. ϩⲟⲉⲓⲧⲉ, ϩⲟⲓⲧⲉ, ⲛ *vestis*.
ϩⲙⲓ† (S. ϩⲟⲉⲓⲧⲉ, ϩⲟⲓⲧⲉ), ⲧ *hyaena*.
S. ϩⲟⲉⲣⲡⲉ, ϩⲟⲓⲣⲡⲉ, ϩⲁⲓⲣⲉ, ⲧ *stercus, excrementum*; M. ϩⲙⲓⲡⲓ, ϩⲙⲡⲓ, ϩⲁⲛ *excrementa*.

Von der sehr häufigen, ihrem Grund nach der Verdoppelung der Vocale sehr §5 verwandten Verdoppelung der Consonanten (vgl. §. 16 Anm. 23) führen wir nur einige der weniger häufig vorkommenden Verdoppelungen einzelner Consonanten an. Die des ganzen Stammes ist im Coptischen sehr verbreitet, „wo der Begriff des Thatwortes und dann des ihm entsprechenden Dingwortes sich sehr oft erst durch die Wiederholung der Wurzellaute fester ausprägt" (Ewald, *Spr. Abh.* II S. 49). Der einfache Stamm ist daher meist als solcher nicht mehr in der Sprache gebräuchlich, obgleich er es in der früheren Sprachperiode gewiss gewesen war. Die Verdoppelung einzelner Consonanten lässt sich meist durch Vergleichung der gleichfalls noch erhaltenen einfachen Stämme in ihrer Entwicklung noch verfolgen. Sie scheint der letzten Entwicklung des vocalischen Lautes zum langen Vocal vorangegangen zu sein, da sie doch wohl kaum noch hätte eintreten können wenn dieser bereits vorhanden gewesen wäre, beide aber sich zuweilen zusammen finden.

I. Nomina masculina.

ⲉⲗⲁⲧⲗⲉⲧ, ⲛ *lapsus*: ⲉⲗⲁ† *lubi*.
ⲕⲗⲁⲗ, ⲛ? *collare*: ⲕⲗ *colvere, plicare*. Vgl. §. 68.
ⲟⲩⲉⲗⲗⲉ, ⲛ *sonus*: ⲟⲩⲉⲗⲟⲩⲉⲗⲉ *ululare*.
ⲕⲉⲛⲛⲉ, ⲛ S. *pinguedo*: ⲕⲉⲛⲓ M. *pinguescere*: ⲕⲉⲛⲓ, ⲛ *pinguedo*.
B. ⲥⲛⲃⲃⲓ, ⲛ S. ⲥⲉⲃⲃⲉ, ⲛ *circumcisio*: M. ⲥⲉⲃⲓ *circumcidere*: ⲥⲉⲃⲓ, ⲛ *circumcisio*.
B. ⲥⲙⲙⲛⲓ, ⲛ *mandatum*: M. ⲥⲉⲙⲛⲓ *apparere intercessurus*: ⲥⲉⲙⲛⲓ, ⲛ *mandatum, intercessio*. Vgl. §. 67.
S. ⲙⲟⲣⲧⲉⲣ, ⲛ *turbatio*. Vgl. ⲙⲟⲧⲣⲉϥ Anm. 27.
S. ⲛⲕⲟⲧⲕ, ⲛ *decubitus, sopor*: ⲛⲕⲟⲧⲕ *jacere*: M. ⲛⲕⲟⲧ *decumbere*. (Für ⲛⲕⲟⲧⲕ hiess es wohl ursprünglich ⲛⲕⲟⲧⲛⲧ).
ⲕⲙⲟⲙ, ⲛ S. *nigredo*: ⲕⲙⲙ *nigrum esse*.
ⲭⲃⲟⲃ, ⲛ *refrigerium*: ⲭⲃⲟⲃ *refrigerare*: S. ⲕⲃⲟ, ⲛ und ⲕⲃⲟ idem.
ⲙⲟⲩϣⲙⲟⲩϣⲓ, ⲛ *sacrificium*: ⲙⲟⲩϣⲙⲟⲩϣⲓ *adorare*: ⲙⲟⲩϣⲓ *sacrificium*.

II. Nomina feminina.

S. ϩⲙⲙⲉ, ⲧ *calor*: ϩⲙⲟⲙ, ϩⲙⲙ *calere*.
S. ⲙⲡⲡⲉ, ⲧ *cinculum*: ⲙⲡ *ligare*.
S. ⲧⲃⲃⲉ, ⲧ *annulus signatorius*: ⲧⲕⲃ *signare*. Vgl. §. 67. 73.
ⲓⲗⲗⲁ, ⲧ? *fulgor*: S. ⲉⲓⲉⲗⲉⲗⲉⲃⲟⲗ *fulgere*: ⲓⲁⲗ (S. ⲉⲓⲁⲗ), ⲧ *splendor, speculum*.

86   Dieselbe Entwicklung zeigt sich auch bei Stämmen nur nominaler Richtung, wie ⲁⲓⲗⲟⲩ, ⲛ *puer*: ⲁⲗⲟⲩ, ⲛ *puer*.

ⲙⲗⲟⲗ, ⲅⲉⲛ *dentes*: ⲙⲟⲗ, ⲛ? *dens*. Dass ⲙⲁⲗ „im Memphitischen der gewöhnliche Ausdruck für *gens*, *natio* ist" kann auch bei nur einmaligem Vorkommen des Wortes kein Grund sein es für einen „Druckfehler" zu halten, wie es Schwartze, *K. Gr.* §. 363, Anm. 1 S. 307 thut, da ein solcher Gleichklang verschiedener Stämme gerade im Coptischen häufig ist. Vgl. Anm. 27 Schluss.

Als einige allgemeinere Gesichtspunkte ergiebt sich aus einer solchen Uebersicht, dass die Nomina masculina welche wie ihr nackter in verbaler Richtung sich bewegender Stamm auf Hinterbaubildungen erster Gattung zurückgehen, am liebsten die Modification des Nomen abstractum sich bewahren, während die Feminina mehr das Einzelne, Concrete darstellen und, indem sie sich in solcher Weise die ursprüngliche Bedeutung dieser Hinterbaubildung (§. 36) noch bewahren, den kurzen Vocal als den älteren und daher mit dieser älteren Bildung des Femininums mehr übereinstimmend, gerne festhalten. Diese beiden Punkte gaben uns einigen Anhalt zur Vermuthung des Geschlechtes einiger Nomina vgl. §. 69. 71. Dass aber auch hierin, wie überhaupt in dem im Coptischen herrschenden Verhältniss zwischen vocalischer Entwicklung und Bedeutung, keine gleichmässig wiederkehrende Bildung herrscht, eine solche vielmehr in der That nur ausserhalb des Stammes, nicht innerhalb desselben vor sich ging §. 4, beweisen Formen wie sie §. 75. 81 ff. zusammengestellt sind.

Anmerkungen.

1) »Nominum linguae copticae quae sit per omnes gradus origo et formatio comparatione cum aliis linguarum familiis instituta doceatur«. Bei der Behandlung dieser Aufgabe schien es mir mehr auf eine Verwerthung des bereits gesammelten Sprachschatzes als auf dessen Vermehrung im Einzelnen anzukommen, da sich die für die Bildung des Nomens überhaupt gültigen Grundsätze auch schon aus dem Vorhandenen ergeben müssen, diese aber das Wesentlichste sind, und die einzelnen Formen von denselben miteinbegriffen werden. Die besondere Aufmerksamkeit welche ich der Entwicklung des Vocales geschenkt habe, rechtfertigt sich aus der eigenthümlichen Stellung welche dieser im coptischen Sprachstamm einnimmt und welche die Betrachtung desselben für das was in der Sprache überhaupt möglich ist, so anziehend macht. Die Resultate aber, welche sich für dies Letztere ergeben, scheinen mir für eine linguistische Untersuchung immer das Wichtigste zu sein. — In Betreff der Verwerthung des Hieroglyphischen bemerke ich, dass sich aus demselben für eine Untersuchung wie die gegenwärtige, bei welcher es auf den genauen Wortlaut ankommt, weniger ergiebt als man wohl erwartet, da die Lesung des Hieroglyphischen noch nicht so weit fortgeschritten ist und es auch wegen des besonderen ihm eigenthümlichen Charakters einer doch immer wesentlich Bilderschrift gebliebenen Schrift wohl nie sein wird, dass die consonantische sowohl wie vocalische Aussprache eines Wortes in allen Fällen so fest stände, um einen sichern Schluss auf ein causales Verhältniss zwischen Aussprache und Bedeutung d. h. auf die grammatische Bildung des Wortes zuzulassen.

2) Die Beschreibung dieses ganzen Vorganges findet sich a. O. §. 2 ff. Die Definition lautet: »Ist der Wortbau der Art dass an dem als fester Grund vorne hingesetzten Stamme eines That- oder Namenwortes die eine oder die andere nähere Bestimmung sich durch Wurzeln oder sonst durch Wörtchen ausdrückt welche stufenweise hinten antreten, so nennen wir dieses den Hinterbau, da das Wort dann von einem vorne gegebenen festen Grunde aus sich nach hinten zu stufenweise erweitern kann und der eine feste Grund vorne hier alles trägt was sich je nach der Reihe der Begriffe ihm hinten anhängt« (S. 15). »Der geradeste Gegensatz zu diesem Hinterbau ist der Vorderbau, nach welchem die näheren Bestimmungen des als Grund dienenden That- oder Namenwortes nach vorne vorgeschoben werden, und zwar wiederum wenn es mehrere sind ganz nach der Stufenfolge der Begriffe, so dass was dort immer weiter nach hinten sich drängt, hier sich in derselben Reihe umgekehrt nach vorne hinschieben muss« (S. 18).

3) Vgl. hierüber die von Ewald gegebene ausführliche Darstellung des Verhältnisses der vier grossen Sprachstämme zu einander in seinen *Sprachwissenschaftlichen Abhandlungen* II. S. 74 ff.

4) Ewald, *Spr. Abh.* II. S. 73: »Unterbrechung und neuer Ansatz der geraden Entwicklung [des Wort- und Satzbau's] beruhet ebenso wie ein Stillstand und Rückgang, welcher vor der Erreichung des höheren Zieles eintrat, auf geschichtlichen Wandelungen und Wanderungen oder gar Umwälzungen in der ältesten Menschheit.«

5) So namentlich bei der Bildung des Participiums §. 32 ff., des Femininums §. 36 ff. und des Plurals §. 43 ff.

6) So ist nach Ewald (Spr. Abh. II. S. 6 ff.) der in geradester Linie sich in strenger Gleichmässigkeit entwickelnde Bau des Nordischen eine Folge seiner durch die Wohnsitze der es sprechenden Völker bewirkte Zurückgezogenheit von andern Sprachstämmen und seiner Unberührtheit von den geschichtlichen Bewegungen anderer Völker. Andere Beispiele führt Schleicher (*Sprachen Europa's* S. 16) an: »Während Sprachen, wie z. B. die romanischen und germanischen (unter diesen zumal die englische) eine reiche Geschichte gehabt und ausserordentlich viel in sprachlicher Beziehung verloren haben, hat sich z. B. das Littauische, die Sprache einer Nation, die weder eine reiche Geschichte noch Litteratur aufweisen kann, in merkwürdiger Ursprünglichkeit erhalten. Auch die ebenfalls noch auf einer älteren Stufe stehenden slawischen Sprachen zeigen deutlich, dass sie Sprachen eines Volkes sind, dessen geschichtliche Entwickelung noch nicht der Vergangenheit angehört. Das Norwegische auf der von allen geschichtlichen Bewegungen frei gebliebenen Kolonie Island ist dem Altnordischen im Formenreichthum fast ganz treu geblieben, das mehr in die Geschichte des Continents verflochtene norwegische, dänische und schwedische Volk dagegen redet eine Sprache, die sich weit vom alten entfernt hat. Grosse Epochen in der Geschichte haben rasches Herabsinken der Sprache zur Folge. Die Völkerwanderung bedingte einen rapiden Sprachverfall bei Romanen und Germanen«. Was es mit dem »Herabsinken der Sprache« und dem »Sprachverfall« für eine Bewandniss habe, ist weiter unten (Anm. zu Satz 16) besprochen.

7) Dies Verhältniss tritt besonders deutlich hervor, wenn man die Gründe warum andere Völker von äusserem Einfluss unberührt blieben mit denen vergleicht, welche bei den Aegyptern eingetreten sind. Dort liegen sie durchweg in der durch die Natur des Landes gegebenen Abgeschlossenheit, so dass der grosse Zug der Weltgeschichte mit all seinen umgestaltenden Einflüssen an ihnen ohne sie berühren zu können vorüber rauschen musste. Bei den Aegyptern war es anders; sie wurden von ihm berührt, aber sie schlossen sich mit vollem Bewustsein gegen alle Einflüsse ab und bewahrten das bei ihnen allmählich herrschend Gewordene mit starrer Consequenz. Eine Rückwirkung auf die Sprache ist die ganz natürliche Folge, welche unter gleichen Verhältnissen in gleicher Weise wieder hervortreten muss. Und so sehen wir in der That die Sprache der Chinesen, welche sich gleichfalls mit vollem Bewustsein gegen die Aussenwelt abschlossen, auf einer so höchst alterthümlichen Stufe beharren. Wohl zu beachten hierbei ist dass gerade diese beiden Völker von Alters her hochgebildete gewesen sind, dass also ihrem Verhalten der Aussenwelt gegenüber ein ganz anderes Gewicht beizulegen ist als dem jener anderen Völker, selbst wenn es bei diesen aus inneren, nicht aus rein äusserlichen Gründen entsprungen wäre.

8) Hierher gehört namentlich die sogenannte Passivbildung durch Umwandlung des im Activum vorhandenen O-Lautes in das nach dieser Annahme das Passivum charakterisirende u. Vgl. Schwartze, Ä. G. S. 199. 456 ff. Allein es ist weder an den O-Laut die active Bedeutung geknüpft, noch tritt mit dem statt desselben erscheinenden u nothwendlich das Passivum ein; es findet sich vielmehr die active wie die passive Bedeutung bei jeder von beiden Formen und oft bei beiden zugleich. So hat, um für jede Möglichkeit nur ein Beispiel anzuführen, tob, тоẞ nach Peyron sowohl die Bedeutung *sigillo obsignare* wie die *sigillo obsignari*, und commi gebraucht nach Schwartze p. 205 den O-Laut gerade für die passive Bedeutung (vergl. ferner §. 176 fin. S. 175), während es für die active M. B. cessat, S. casine, cam anwendet. gun endlich heisst

ebensowohl *absondere* wie *absconti*. Vgl. Peyron s. v. Wo aber derartige Ungleichmässigkeiten, und keineswegs bloss vereinzelt, vorhanden sind, kann von Bildung im grammatischen Sinne keine Rede sein.

9) Vgl. Ewald, *Geschichte des Volkes Israel* I, S. 72 Anm. 1: ».... auch wenn die semitische Schrift (wie allerdings glaublich) von der ägyptischen ihren einen Grundgedanken (nämlich den dass der Anfang des Lautes des abzubildenden Gegenstandes als Lautzeichen gelten sollte) entlehnte, so erhebt sie sich durch ihren andern (dass derselbe Laut nur immer durch ein Bild darzustellen sei) unendlich weit über jene und wird dadurch erst in der That eine reine und in aller Kürze genügende Lautschrift«. Vgl. ebd. II, S. 8.

10) So erklärt bereits Ewald (*Erklärung der grossen phönikischen Inschrift von Sidon*, Göttingen 1856, S. 11, Anm. 2) die Schreibart n für die Aussprache en als »zerstreutes Ueberbleibsel aus der Wort- und Sylben-Bilderschrift« der Aegypter. Diese auch sonst besonders im Sahidischen Dialekte sehr häufige Erscheinung findet in diesem Zusammenhange ihre volle Erklärung. Es gehören dahin alle die Fälle, in welchen scheinbar ein ganzes selbständiges Wort ohne Vocal bleibt wie ϩⲣⲟⲟⲩ *rugire*, welchem ein M. ϩⲣⲱⲟⲩ zur Seite steht, ϩⲙϣ, n S. ⲁⲥⲉⲧⲙ, woneben schon im S. und ebenso M. ϩⲉⲙϫ, n, sich findet. Häufig tritt zur Andeutung des Vocales, dessen Ergänzung dem Lesenden überlassen bleibt, das Zeichen ⸺ oder ⸗ ein, wie in ⲁ̄ϩⲉ, neben welchem eⲁ̄ϩⲉ vorkommt (Schwartze, *K. G.* S. 201)

11) Dieses Verhältniss ist als factisch bestehend auch von Peyron anerkannt und gab den Grund zu der von ihm befolgten Anordnung seines Wörterbuchs (Praefatio XVII s.), wenn er auch geneigt ist einen Theil der Abweichungen den »imprudentibus amanuensibus« zuzuschreiben. Die consonantische Wurzel betrachtet er als genus, die verschiedenen vocalischen Aussprachen derselben als dessen species, ohne sich jedoch über das Vorhandensein oder Nichtvorhandensein einer causalen Einwirkung der besonderen vocalischen Aussprache auf die Entstehung der Bedeutung näher zu erklären oder dessen besondere Verhältnisse, falls er es wie aus seiner Gleichstellung des Coptischen mit dem Semitischen wohl hervorgeht anerkennt, im Einzelnen auszusprechen. Und dennoch giebt gerade eine nähere Betrachtung der in seinem Wörterbuch so klar zu Tage liegenden Zusammenstellungen von Wortformen und deren Bedeutungen den augenscheinlichsten und nächstliegendsten Beweis für unsern Versuch einer Darlegung dieses Verhältnisses.

12) Dem gemäss bildete jeder der vier grossen Sprachstämme das Verhältniss des Vocals zur Bedeutung des Wortes in ganz eigenthümlicher, seiner jedesmaligen besonderen Beschaffenheit entsprechenden Weise aus. Am vollkommensten hat die Möglichkeit den Vocal für den Ausdruck der Modificationen der Bedeutung des Stammes zu benutzen, das Semitische ausgebildet (vgl. Ewald, *H. S. L.* §. 4f. 41a. 107d 3), während das Mittelländische nur einzelne Analogien bietet (wie im Deutschen den Ablaut, während Umlaut, Brechung und Schwächung rein lautliche Vorgänge sind, die sich in ganz selbständiger, die Bedeutung des Wortes nicht causal berührender Weise vollziehen), das Türkische dagegen zu gleichem Zweck Wechsel von Consonanten anwendet (ebd. §. 4f Anm. 1). Doch weist gerade das Türkische noch etwas Aehnliches auf. Die sogenannte Vocalharmonie, welche darin besteht, dass die Färbung der Vocale der Unterbegriffe sich nach der des im Oberbegriff gegebenen Vocales richtet. Dies hat zwar zunächst seinen Grund in der überwiegenden Wichtigkeit des Oberbegriffes, ist aber doch nur dadurch möglich, dass auch im Türkischen wie ursprünglich wohl in der Sprache

überhaupt die Bedeutung eines Wortes nicht unmittelbar in der besonderen Färbung seines Vocales begründet ist, sondern, als wesentlich an den Consonanten haftend, auch dann noch dieselbe bleibt, wenn die Färbung des Vocales durch irgend welche rein lautlichen Verhältnisse eine andre geworden ist. S. Ewald, *Sp. Abh.* II. S. 29 f. Vgl. Schleicher, *Sprachen Europa's* S. 63 f.

13) Da jedoch eine lautliche Versinnlichung aller der möglichen Modificationen eines Stammes zur Zeit des Hinterbau's theils überhaupt nie entwickelt war, theils in dessen jetzigen Trümmern nur noch ganz theilweise und nicht mehr immer mit zwingendem Einfluss auf die Bedeutung (§. 2) vorhanden ist, nach den Gesetzen des Vorderbau's aber auch nur theilweise und in verhältnissmässig geringem Masse sich entwickelt hat, so bleibt noch immer in sehr vielen Fällen das deutliche Hervortreten derselben allein der Stellung des einzelnen Wortes in der Rede und der Art seiner Verbindung mit andern Wörtern sowie der durch diese klar werdenden Beziehung überlassen. Eine solche Stufe der Sprache ist jedenfalls eine sehr alterthümliche, so und für sich aber durchaus naturgemäss, da das Wort nicht zur Sonderexistenz, sondern zum Leben in der Rede geschaffen ist, so dass ein Theil seiner Deutlichkeit sehr wohl ihren Grund in der Art seines Auftretens in der Rede haben kann. So kann ohne dass eine auch nur in dem einzelnen Stamm sich gleich bleibende Vocalisirung die verschiedenen Modificationen des Grundbegriffes in beständig gleicher Weise trennte, ein und derselbe Stamm mit denselben Vocalen Nomen substantivum (abstractum wie concretum) und adjectivum sowohl wie Verbum und auch hier wieder activum wie passivum sein: die Art seiner Verbindung wird was es im einzelnen Fall ist, niemals zweifelhaft lassen. Genau dasselbe Verhältniss zeigt das Chinesische (vgl. Schleicher, *Sprachen Europa's* S. 48), welches sogar in dem Grundsatz die Rede einen Theil der Kosten für das Verständniss des einzelnen Wortes tragen zu lassen so weit geht, dass es aus ihr die Bedeutung des Stammes selbst erst klar werden lässt. Wäre die Fähigkeit hierzu nicht im Wesen der Rede naturgemäss begründet, so hätte das Chinesische zu einer reicheren Stammbildung fortschreiten müssen als zu einer solchen welche das Gleichlauten vieler ihrer Bedeutung nach grundverschiedenen Stämme gar nicht zu umgehen vermag. Vgl. Schleicher a. O. S. 41 f. Ein ähnliches Sichverlassen auf die Rede d. h. auf den Gesammtsinn ist es, wenn in einer Sprache welche so feine Bedeutungsunterschiede durch die Vocale ausdrückte wie das Semitische, dennoch die Schrift ohne Vocale geschrieben wurde, da »ein der Sprache Kundiger (denn für Fremde und Ungelehrte wurde nicht geschrieben) leicht aus dem nothwendigen Zusammenhange des Sinnes der Wörter das blos in den Hauptlauten Geschriebene wieder erkennen und die fehlende Vocalaussprache ergänzen konnte« (Ewald, *H. S. L.* §. 14b).

14) Ich spreche diesen Gedanken mehr zur weiteren Verfolgung des in den einzelnen Sprachen herrschenden Verhältnisses des Vocales und seiner Entwicklung zu der Bedeutung des Stammes aus, als dass ich es selbst unternehmen möchte schon jetzt einen derartigen Versuch zu wagen. Die Wichtigkeit einer solchen Betrachtung erscheint mir für die Erkenntniss des Wesens der einzelnen Sprachen wie der Sprache überhaupt nicht als eine geringe und so hat mich bei der näheren Betrachtung der Coptischen gerade diese Frage gefesselt, nachdem ich auf sie durch den Versuch die Nominalbildung des Coptischen zu erklären geführt worden war und ich bald erkannte dass hierfür gerade in dieser so höchst eigenthümlichen, in ihrer Bildungsart so sehr von den uns geläufigeren Sprachen abweichenden Sprache die Entwicklung des vocalischen Lautes und sein Verhältniss zum consonantischen Stamm die einzig sichere Richtschnur abzugeben vermöchte.

um einen systematischen Ueberblick über die Formen, unter welchen das coptische Nomen auftritt, geben zu können.

15) Der Hülfsvocal ist seiner Natur entsprechend immer der minder betonte Vocal.

16) Der Stützvocal ist im Gegensatz zum Hülfsvocal immer der voll betonte Vocal eines Wortganzen, einer lautlichen Einheit, welcher unumgänglich nothwendig ist um die Aussprache des Wortes überhaupt möglich zu machen oder ihr doch den festen Halt zu geben, dessen jede selbständige Worteinheit bedarf. Er ist also der für den Charakter einer Worteinheit wesentliche Laut und er ist daher natürlich dass er an der Stelle des Wortes laut wird, wo der dessen Besonderheit kennzeichnende, durch sein Auftreten innerhalb der Rede bedingte Charakter am schärfsten hervortritt. Daraus erklärt es sich wie der Stützvocal aus dem Stamme gleichsam heraustreten und in die nur dem besonderen Auftreten des Stammes entspringende Bildungssylbe übergehen kann, theils so dass der ursprüngliche Stützvocal ganz aufgegeben oder doch auf einen blossen Vocalanstoss zurückgeführt wird, wie noch manchmal in der alten Pluralbildung (§. 47), z. B. con M. S. ean B. *frater*: canoy M. cnny S. B.; ᴀᴜɪᴛ ria: ᴀɪᴛᴜᴜᴏʏɪ; cont, *latro*: cɪnᴜᴜᴏʏɪ; ɢᴏᴀ *gener*: ɢɪᴀᴜᴜᴏʏ u. a. —, theils so dass der Vocal wohl bleibt, die Betonung jedoch auf die in diesem einzelnen Fall wichtigere, die allgemeine Richtung der Bedeutung welche der Stamm giebt, vereinzelnd modificirende Bedeutungssylbe übergeht. Vgl. Anm. 22.

17) Wie wenn zwei Wörter einen neuen Begriff bilden und diese Begriffseinheit dadurch ihren Ausdruck findet, dass die Wörter selbst zu einer Lauteinheit welche nur einen vollbetonten Vocal hat, zusammenfliessen. Alsdann giebt das voranstehende Wort seinen selbständigen vollen Ton ab, und dies äussert sich häufig darin dass statt des bei dessen besonderem Vorkommen bereits gedehnten Vocals ein ursprünglicherer kurzer Vocal (§. 11. 65) wieder hervortritt. So in capᴏᴀᴍᴏʏʌ *spina cameli*: coʏpɪ *spina*, ᴅᴀᴍᴏʏʌ *camelus*; ᴅᴀᴛcʜᴀᴀᴛ *matricida*: ᴅᴜᴛeʙ *occidere*, ᴍᴀʏ *mater*. Vgl. Anm. 22.

18) Dies ist der wirkliche Grund für die im Coptischen so häufige Erscheinung welche Schwartze (*K. Grammatik* S. 314 f.) als »Versetzungen von Vocalen und Consonanten zugleich« bezeichnet. Wo von Versetzung die Rede sein soll, muss die eine Reihenfolge die ursprünglichere und natürlichere sein; hier aber ist jede Stellung des Stützvocals eine gleich ursprüngliche und natürliche, weil sie in ganz gleicher Weise dem Zweck entspricht, welchen er zu erfüllen hat. »Versetzt« wird also nichts, wenn es z. B. (vgl. Schwartze a. O.) M. ᴄᴀᴛᴏɴ und ᴀᴏᴛᴇɴ, S. ʌᴀᴛᴏɴ und ᴀᴏᴛᴇ̄ɴ lautet, oder M. cʜᴏɴ, S. cʜᴏᴋ und coʜᴋ: die Reihenfolge der Consonanten bleibt dieselbe und sie allein sind für die Bedeutung ursprünglich wesentlich; der Vocal ist es weder seiner Färbung noch seiner Stellung nach ursprünglich, sondern ist es, wo er es etwa ist, erst geworden (§. 7. Vgl. §. 38 Anm. 39). Eine andre Frage ist die, ob da wo die Reihenfolge der Consonanten selbst eine andre wird, wie wenn S. cᴛᴡᴜ M. cᴛᴙᴡɪ ausser S. cᴛᴏɪ vorkommt, von einer wirklichen »Versetzung« die Rede sein kann. Mir scheint dass man auch hier sagen muss, nach dem Gefühl dieses Volkes hat die eine wie die andre Lautverbindung dem auszudrückenden Begriff von Anfang an in gleichem Masse entsprochen, so dass es sich für keine als die allein gültige entschied, wie es sonst der Fall gewesen ist. Vgl. Ewald, *H. S. L.*, §. 78c. — Die von Schwartze a. O. §. 377 als »Versetzung von Vocalen allein« angeführte Verschiedenheit in der vocalischen Aussprache desselben Stammes beruht gleichfalls nur auf dem verschiedenartigen Auftreten des Stützvocals, welches jedoch in der Weise dass der Wechsel von Vocalen und Consonanten in gleicher Reihenfolge bleibt, seltener ist als der zuerst angeführte Fall.

19) So ist auch im Semitischen sogar noch in der uns überlieferten schon sehr weit entwickelten Gestaltung das Verhältniss immer noch so »dass in den ältesten und meisten Gebilden der Sprache die Vocale meist sehr kurz und fein sind« (Ewald, *H. S. L.*, §. 146).

20) Dieselbe Wirkung zeigt sich z. B. auch im Hebräischen: »Der Ton hat an seiner eignen Stelle eine starke Neigung ursprünglich kürzere Vocale zu dehnen« Ewald, *H. S. L.*, §. 86a. Am durchgreifendsten ist dieses allgemeine sprachliche Gesetz im Neuhochdeutschen in seinem Verhältniss zum Mittelhochdeutschen zur Geltung gekommen, wie wenn wir jetzt Vāter für mhd. väter, Lō'ben für mhd. lo'ben sagen, während in anderen Fällen noch jetzt ein Schwanken in den Dialekten ist. So sagt man in Norddeutschland noch in vielen Gegenden Grā's, Grā'b u. s. w., in Süddeutschland dagegen bereits Grā's, Grā'b.

21) Es ist dies sowohl dann oft der Fall, wenn er innerhalb des Stammes seinen Platz hat, wie אֶצְבַּע *znk digitus*, אֳלִי *boli solers*, als auch besonders dann wenn das Wort durch eine Hinterbaubildung vergrössert wird und der Stützvocal den ganzen Wortes in diese übertritt wie häufig bei der alten Pluralbildung, z. B. bei ⲥⲟⲛ, wo neben ⲥⲛⲁⲩ bereits ⲥⲛⲏⲩ, ⲥⲛⲏⲟⲩ vorkommt. Vgl. Anm. 16.

22) Ueber die nothwendig anzunehmende Hinterbaubildung im Coptischen, welche mit dem Schwinden des Hinterbau's ihre Bedeutung und ihr Gewicht verloren hat, die Hinterbaubildungen erster Gattung, vgl. §. 25 ff. Wo sie jetzt in den dort angeführten einzelnen Resten noch erscheint, vermag sie wegen des Aufgebens ihrer Bedeutung auch ihre alte Wirkung nicht mehr auszuüllen, und das Gewicht des Wortes hat sich meist in den Stamm selbst zurückgezogen, dessen vocalische Entwicklung alsdann ohne auf das noch vorhandene alte Anhängsel Rücksicht zu nehmen fortschreitet. Dieser ganze Vorgang hat rein lautliche Bedeutung und ist nur die Uebersetzung eines ausserhalb des Wortes stehenden Trägers des Wortgewichtes in das Innere des Wortes. Ein genaues Analogon dieses Vorganges findet noch in der uns überlieferten Sprache ganz regelmässig statt. Sobald nämlich zu einem Verbum dessen Stützvocal bereits verlängert worden war, ein Suffixum hinzutritt, nimmt der Vocal alsbald wieder die ursprünglichere kürzere Gestalt an, da er in seiner Eigenschaft als Träger des Lautgewichtes durch das neu hinzugekommene Anhängsel gleichsam abgelöst und erleichtert wird (vgl. Anm. 15. 16. 17), es sei denn dass der Stamm ein mehrsylbiger ist und der bereits verlängerte Stützvocal die letzte Sylbe einnimmt: dies bewirkt dass, indem er die Function des Trägers zugleich für den neu hinzugekommenen Worttheil übernimmt, der verlängerte Vocal um so eher die Quantität bewahrt, welche er schon vorher in dem an und für sich bereits umfangreichen Lautcomplex eingenommen hatte. Dies tritt besonders bei den reduplicirten Stämmen ein. Wie sich dieses Verhältniss im Einzelnen gestalte, hat Schwartze, *K. G.* S. 100 ff., ausführlich behandelt. Seine factischen Angaben behalten ihren Werth, obgleich sie nur nach ganz äusserlichen Grundsätzen zusammengestellt sind und von der falschen geradezu umzukehrenden Anschauung ausgehen, als sei der längste Vocal der älteste. Es hängt dies auf's Innigste zusammen mit der falschen Ansicht vom Verfall der Sprache, welcher z. B. auch Schleicher (vgl. oben Anm. 6) noch huldigt. Die Sprache, als das Mittel sinnlich durch den Laut und zwar dem Urbild zunächst möglichst entsprechend das wiederzugeben was sich als Begriff von den sinnlichen Gegenständen und deren Beziehungen zueinander bei ihrer Erfassung durch die nur in Begriffen arbeitende menschliche Vernunft losgelöst hat, trägt dem zufolge ihrem innersten Wesen nach ursprünglich einen durchaus sinnlichen Charakter; zugleich aber hat sie, gemäss ihrer

Bestimmung einen von der Sinnlichkeit losgelösten Begriff zu verkörpern, das Bestreben dies so zu thun, dass dieser neue Körper den Begriff möglichst rein darstelle, dass also nicht seine sinnliche Gestalt als das wichtigere Moment, sondern vielmehr als das nur nicht zu umgehende, auf den Begriff jedoch als seinen eigentlichen und wesentlichen Gehalt hinweisende Mittel erscheine. Aus der Vereinigung dieser beiden Bestrebungen der Sprache, als der sinnlichen und zwar lautlichen Darstellung der Begriffe, diese Begriffe einerseits überhaupt sinnlich wiederzugeben, andrerseits die Sinnlichkeit möglichst einschrumpfen, die Begrifflichkeit möglichst in den Vordergrund treten zu lassen, entsteht die Veränderung in der Sprache, welche wir Fortschritt oder Entwicklung nennen müssen, weil sie den Uebergang von der Stufe auf welcher der sinnliche Charakter der Sprache noch in vollster Stärke ausgeprägt war, bis zu der Stufe derselben, auf welcher ihre begriffliche Seite vorzugsweise hervortritt, in seiner strengen Nothwendigkeit wie diese bedingt ist durch die Natur dessen was zum Ausdruck kommen soll und dessen wodurch dieses geschieht, darlegt. Der Gang der Sprachentwicklung ist demnach dieser: so lange der sinnliche Charakter vorherrscht, sucht sie jeder noch so feinen Wendung des Begriffes einen adäquaten sinnlichen Ausdruck zu geben; sobald die begriffliche Seite mehr hervorzutreten beginnt, erfolgt einerseits Abschleifung der Formen, andrerseits Aufgebung ganzer Klassen von Formen und Unterbringung der Wortstämme in Bezug auf ihre Abwandlung unter ausgleichende, gleichsam die Gattung darstellende Formen, wie im Deutschen der allmähliche Uebergang der ursprünglich der starken Form sich bedienenden Zeitwörter in die Reihe der schwachen Zeitwörter, wie im Coptischen sich allmählich immer mehr der Begriff des Thäters nur noch der aus der Zeit des Vorderbaues, also der jüngsten Periode dieser Sprache angehörigen Bildung peq-, der Begriff des Abstractums ebenso des gleichfalls dem Vorderbau angehörigen ment- bedienen, wie im Gegensatz zu dem Hebräischen die späteren semitischen Sprachen, besonders das Arabische, die Participia mehr und mehr durch das vorgesetzte m- bilden (Ewald, *II. S. L.* §. 160a Anm. 1 S. 410), oder wie in allen Sprachen in welchen er überhaupt auftritt, der Dual allmählich verschwindet und sich dem Plural als dem ihn bereits unter sich begreifenden Numerus unterordnet. Vgl. Schleicher, *Sprachen Europa's* S. 18. Somit ist die an die Entwicklung bis zum höchsten Formenreichthum sich anschliessende Formenabschleifung nur die naturgemässe Fortsetzung der Entwicklung der Sprache. Selbstverständlich braucht eine Sprache um diese weitere Entwicklung zum Hervortretenlassen der begrifflichen Seite zu erfahren, nicht erst die Entwicklung nach der sinnlichen Seite hin bis auf den höchsten Punkt durchgeführt zu haben. Dies ist beim Coptischen der Fall. So lange die Hinterbaubildung mächtig war, hatte es offenbar das Bestreben die Modificationen des Begriffes in besonderen Bildungen abzuspiegeln, worauf noch deutlich namentlich die in vielen Ueberresten noch erkennbare alte Participialbildung hinweist; als aber dieser Entwicklungsgang durch die Umwandlung des Hinterbau's in den Vorderbau unterbrochen war, trat neben dem fortdauernden Bestreben einzelnen Modificationen des Begriffes einen sinnlichen Ausdruck zu verleihen, zugleich auch schon das Bestreben ein, alle einzelnen Bildungen unter einige grosse Gattungsformen unterzuordnen und so das sinnliche Element mit der ihm eigenthümlichen Mannigfaltigkeit zurückzudrängen. Hierher gehört vorzüglich die Bildung von Geschlecht und Zahl beim Nomen, welche, wie die Ueberreste der Hinterbaubildung noch zeigen, einst die mannigfaltigsten Umwandlungen der einzelnen Wortstämme verursacht haben: nun aber tritt eine einzige Bildungsweise bei allen Stämmen ausgleichend und vereinfachend ein, seitdem diese Begriffsmodificationen wesentlich nur durch den Vorderbau ausgedrückt werden §. 53.

Mit der hier gegebenen Scheidung der Entwicklungsstufen der Sprache in die durch Ausbildung eines grossen Formenreichthums zur sinnlichen Fülle hinstrebende und die durch Abschleifung derselben sich zur Wiedergebung des Begriffs mit möglichster Freiheit von der sinnlichen Erscheinung hinwendende, fällt auch die verbreitete Ansicht, welche noch Schleicher (vergl. *Spr. E.* S. 10) so formulirt: »Je weiter zurück wir eine Sprache verfolgen können, desto vollkommener finden wir sie«. Die wahre Vollkommenheit einer Sprache wird erst auf der zweiten Stufe erreicht. Die in der Regel als solche aufgefasste ist es allerdings innerhalb der zur ersten Stufe gehörigen Entwicklung, nicht aber in der Entwicklung der Sprache überhaupt. Da nun die Kunst überhaupt ihrer Erscheinung nach in der Sinnlichkeit wurzelt, so greift auch die Poesie, welche sich als ihres Stoffes der Rede bedient, gerne zu deren sinnlicheren Gestaltung zurück und bedient sich daher häufig alter Formen welche in der einfachen Rede bereits aufgegeben sind. Dahin gehört nun aber auch überhaupt die bildliche Ausdrucksweise, welche die der sinnlicheren Auffassungsweise naturgemäss entsprechende ist. Als Absicht und mit Bewusstsein geschaffen findet sie sich daher in der Poesie; als Natur dagegen noch bei den ungebildeteren Völkern, welche noch nicht fähig sind sich anders als bildlich auszudrücken und deren Sprache noch nichts von ihrer sinnlichen Kraft zu Gunsten des nackten Begriffes aufgegeben hat. Dies ist z. B. der grosse Unterschied der bildlichen Sprache Homer's, dessen Naivetät nicht sowohl in der Anwendung von Bildern als vielmehr in deren Wahl und Ausdrucksart liegt, von der gleichfalls bildlichen Sprache roher Völker wie der Indianer, welche in der künstlerischen Nachbildung grosse Wirkung hervorzubringen vermag und häufig mit Glück angewendet worden ist. Demnach ist das Aufgeben der sinnlicheren Momente um so weniger zu beklagen, je höher man die begriffliche Auffassungsweise der Dinge schätzt und ihr jede Art der sinnlichen Auffassungsweise, selbst die höchste welche sich in der Kunst äussert, unbedingt unterordnet.

23) z. B. S. ὅρος, ὅρους, ὅρῳ, ὅρωσι *sanam*; pici, pici, pici *pulvis*; ⲥⲏⲛⲧⲉ, ⲥⲏⲛⲧⲉ, S., ⲥϩⲓⲣϯ M. *spuma* u. s. w. §. 80. Vgl. ferner die Zusammenstellung welche Schwartze, *K. G.* S. 147 f. giebt und zwar hier in der richtigen Folge von der Form mit dem kurzen Vocal bis zu der mit dem langen, verdoppelten kurzen und verdoppelten langen. Es ist natürlich dass in der uns überlieferten Sprache nicht alle Formen der Aussprache erhalten sind, welche zur Erklärung des häufig als unvermittelt erscheinenden Ueberganges vom Anfang der Entwicklung bis zu deren Ende dennoch als vorhanden gewesen anzunehmen sind, theils weil diese Ueberlieferung doch nur eine fragmentarische ist, theils aus den Satz 7 erläuterten Gründen.

Demselben Drange das nach Abfall der Hinterbaubildungen gleichsam haltloser gewordene Wort wieder auf sein früheres Gewicht zurückzubringen, scheint die zuweilen auftretende Verdoppelung eines einzelnen Consonanten sowie die sehr häufige Wiederholung des ganzen Stammes, die Reduplication, entsprungen zu sein. Vgl. §. 85.

24) So Leo Meyer, *Vergleichende Grammatik der griechischen und lateinischen Sprache* I S. 96: »es drängt sich daher von vorneherein die Vermuthung auf, dass in der allerältesten Zeit der mittelländischen Sprache überhaupt nur *ein* Vocal, das *a*, vorhanden war, das heisst in Wörtern Geltung hatte, womit natürlich nicht geleugnet wird, dass die menschlichen Sprachwerkzeuge immer fähig gewesen sein mögen, unzählich viele andre vocalische Laute hervorzubringen«.

25) Daher sie auch an demselben Stamme wechseln konnten: ⲧⲱⲟⲩⲛ, ⲛ *resurrectio* (ⲧⲱⲟⲩⲛⲟⲩ *surgere*): ⲧⲱⲟⲩⲛⲉⲥ *surgere* §. 30, 8. Vgl. ⲡⲉϧ §. 27 und ⲧⲣⲉ §. 51; ⲁϧⲟⲡⲓ §. 28 und ⲧⲁⲁⲟ §. 51.

26) Diese Bedeutung von ⲛⲟⲙϧ (*pediculus*), ausgehend von dem uns in der vocalischen Aussprache ⲛⲁⲁⲙ überlieferten Stamm ⲕⲱ *movere*, so dass ⲛⲟⲙϧ ein nach seiner Beweglichkeit genanntes Thier ist wie *pediculus*, nach den Mitteln der Bewegung genannt, zunächst nur der »Füssler« und erst dann die bestimmte Art Insect bedeutet, stimmt vollkommen zu dem von Peyron *lex.* p. 67 angegebenen arabischen Wort ﻗﻤﻞ, während die von ihm weiter angegebenen Bedeutungen ἐρυσίβη und *robigo* weder hierzu noch zu der angeführten Stelle ψ. 78,46 passen. Steht diese letztere Bedeutung dennoch fest, so ist sie sehr wohl erklärlich; nur ist sie alsdann von dem uns in der vocalischen Aussprache ⲛⲙⲁⲙ überlieferten Stamme ⲕⲙ *tenebrosum esse* herzuleiten, ebenso wie im Lateinischen *robigo* von der dunkeln Farbe seinen Namen hat (vgl. *robus == rufus*, ferner *ruber*) und im Griechischen ἐρυσίβη gleichen Stammes ist mit ἐρυθρός, ἐρεύθω. Derartige äusserlich ganz gleichlautende Wörter deren Stämme jedoch gänzlich verschieden sind, finden sich gerade im Coptischen öfters z. B. ⲧⲱⲡⲛ *suere* und *rapere*, ⲙⲟϩ *ardere* und *implere, plenum esse*, ⲙⲟⲧⲉ, ⲛ *splendor*, ⲙⲟⲧⲉ, ⲧ *insula* u. s. w.

27) Auch ⲥⲁⲟⲛⲉϧ, ⲛ M. (S. ⲥⲁⲧⲉϧ, ⲛ) *sagitta* scheint hierher zu gehören; der Stamm ist ⲥⲧⲛ und ⲥⲧⲁ. Die Laute ⲛ und ⲁ wechseln auch sonst noch, vgl. ⲟⲧⲱⲧⲉⲕ oder ⲟⲧⲱⲧⲉϧ und ⲟⲧⲱⲧⲁⲛ oder ⲟⲧⲁⲟⲛⲓ *perforare*. Dieser in der Aussprache schon schwankende dritte Radical muss sich jedoch auch schon frühe ganz abgeschliffen haben: ⲥⲟⲧⲉϧ *instrumentum acutum*, von welchem allgemeineren Begriff der Pfeil nur ein Besonderes ist. Zu vergleichen ist ferner ⲥⲁϯ, M. ⲥⲟⲧⲉ, ⲛ S. *sagitta* (hier. STI Champ. Gr. Eg. p. 70) von dem Stamme ⲥⲁϯ, ⲥⲁⲧ *jacere*. — Auch ⲅⲟⲧⲡⲉϧ *accipiter* scheint sich so zu erklären, dessen Stamm jedoch nur in der Form der Reduplication noch vorhanden ist: ⲅⲧⲟⲣⲧⲉⲣ, ⲅⲧⲉⲣⲧⲱⲣ (M. ⲅⲉⲣⲡⲱⲣ) *turbare* und —, ⲛ *turbatio* §. 85, so dass ⲅⲟⲧⲡⲉϧ *turbator* sein könnte, ein Name der den Raubvogel sehr gut charakterisiren würde. — Ferner ⲅⲟⲕⲗⲉϧ, ⲛ M. *sella cameli*, was wohl mit ⲅⲟⲕⲗⲉⲥ S. *pileum camelinum* trotz dem Wechsel der den dritten Wurzellaut bildenden Lippenlaute gleichen Stammes ist.

28) ⲧⲙⲙⲉⲣ ist hiernach nicht wie Schwartze *K.G.* S. 307 vermuthet, eine Verkürzung aus ⲧⲁⲡⲣⲟ *obturare os*, welches vielmehr eine syntaktische Verbindung ist. Im gleichen Verhältniss stehen sodann auch ⲅⲧⲁⲙⲉⲣ und ⲅⲧⲁⲙⲉⲣⲱ oder ⲅⲧⲁⲙⲣⲱ (*ebd.*).

29) Es ist somit nicht zusammengesetzt aus ⲙⲁ und ⲓⲣⲓ *festum agere*, mit welcher Art der Erklärung aus Zusammensetzungen die Bearbeiter der coptischen Sprache gar zu rasch bei der Hand sind, und die Phantasie geht häufig sehr seltsame Wege. So sollten nach Peyron selbst (cf. oben §. 27) die Copten den *Geizhals* einen *Selbstträger* genannt haben, welche epigrammatisch witzelnde Redeweise der Bezeichnungsart der einfachen Sprache fremd ist. So soll ⲅⲁⲡⲉⲛ, ⲛ *ventus vehemens et ureus* aus ⲅⲁⲁⲡ *percutere* und ⲁⲛ *ramus* (Peyron *lex.* p. 305) entstanden sein; vergleicht man jedoch das von Peyron, *Additamenta ad lexicon* in seiner Grammatik p. 190 angeführte ⲟⲧⲛⲓⲅⲛⲅⲱⲁⲣⲡⲁ *ventus ureus*, so ist es offenbar dass hier dasselbe Wort mit Umstellung der zwei letzten Wurzellaute entgegen tritt; die Wurzel hängt wohl mit der semitischen שרב *torrere* zusammen. Ueber den Uebergang des ⲛ in ⲅ wie in ⲁ̄ⲛ: ⲅⲱⲙ vgl. Schwartze, *Kopt. Gr.* S. 289 §. 332.

30) Das -ⲛ scheint, besonders nach Gutturalen, zuweilen auch in -ⲙ übergangen zu sein: ⲟⲧⲱⲅⲁⲙ: ⲟⲧⲱⲅ *addere, iterare*; ⲥⲟⲣⲁⲙ (für ⲥⲟⲣⲡⲁⲛ): ⲉⲓⲥⲣⲉ, ⲥⲓⲟⲣⲡⲉ *intueri*; ⲅⲱⲗⲙ gleich den gewöhnlicheren ⲅⲱⲗⲕ *cingere* braucht daher kein Schreibfehler zu sein (Peyron *lex.* p. 347); ferner noch ⲱⲗⲁⲙ: ⲱⲗ *attollere*.

31) Auch in diesem Stamm hat sich wie häufig das ursprüngliche -ⲧ vor dem Suffix erhalten z. B. ⲝⲟⲧ-ⲟⲩ, welches jedoch nicht wie es Schwartze *K. Gr.* S. 104 thut, ⲝⲟ-ⲧⲟⲩ zu trennen ist. In seiner Wirkung hat es das M. dadurch sich bewahrt, dass es bei seinem Wegfall das o verlängerte ⲝⲱ-ⲟⲩ, während das S. es ganz aufgab: ⲝⲟ-ⲟⲩ. Durch solche Fälle wird die Stufenleiter der allmählichen Abschleifung bis zum gänzlichen Wegfall der Hinterbaubildung sehr deutlich und mancherlei was sonst nur als willkürlich erscheinen musste, tritt nun in seiner Gesetzmässigkeit hervor.

32) Die Form ⲧⲟⲩⲛⲉⲥ beweist dass das n wurzelhaft ist und dass es sich in ⲧⲱⲟⲩ, n *mons* wie auch sonst (vgl. Anm. 27) nur abgeschliffen hat.

33) Der dort weiter angeführte Fall ⲥⲟⲉⲡⲧⲉⲣ u. s. w. ist natürlich nicht so entstanden, wie dort behauptet wird, dass vor den aus zwei Consonanten bestehenden Stamm willkürlich ein dritter getreten sei; vielmehr besteht der Stamm aus drei Consonanten, von welchen bei der Reduplication nur die beiden letzten wiederholt werden, in welchem Sinn wir bereits oben Anm. 27 das a. O. gleichfalls angeführte Beispiel ϭⲟⲟⲡⲧⲉⲣ M. benutzt haben.

34) Wie wenn lateinisch *homo*, *natura*, *volumen* in ganz gleicher Weise *homme*, *nature*, *volume* im Französischen werden, während doch nur das *e* von *nature* Rest der Femininendung ist, oder wenn *impius (impium)* und *impia* ganz gleich *impie* werden.

35) Daher sind im Coptischen alle die mit ⲉϥ-, ⲉⲉ-, ⲉⲧ- gebildeten und von *Peyron* immer besonders angeführten Formen keine wirklichen Participia, sondern nach dem Sinn und Willen der Sprache nur relative Verbalausdrücke, welche wir jedoch leichter und einfacher mit dem Participium wiedergeben. Häufig finden sich gerade in dieser Verbindung alte Participialbildungen, jedoch stets in ihrer wieder ganz verbal gewordenen Begriffsrichtung, wie denn ⲉϥϫⲣⲏⲟⲩⲧ, obgleich es dem griechischen νικῶν entspricht, dennoch zunächst nur heisst: *welcher siegt*. Ueber den Werth und die Verwendung dieser Bildung für die bezüglichen Zeiten vgl. Ewald, *Spr. Abh.* I §. 23. Wirkliche Participialbildung ist dagegen die Vorderbaubildung ⲉⲧ- §. 57.

36) Ganz analog wiederholt sich eine solche doppelte Art der Abschleifung bei der ganz gleichartig zusammengesetzten Pluralendung §. 44. Aehnliches findet sich auch in andern Sprachstämmen, z. B. bei der Causativbildung *-tur (-dur)* im Türkischen (Ewald, *Spr. Abh.* II S. 27) und bei der Femininendung im Hebräischen *(H. S. L.* §. 1736).

37) Und auch wohl in der Aussprache, da dem Memphitischen Onomatopoetikon ⲓⲱ, n *asinus* das gleichfalls onomatopoetische S. ⲉⲓⲱ, ⲉⲓⲁ und ⲓⲁ entspricht, dessen ⲉⲓ- dem gewiss überall gleichen Klang des Eselrufes entsprechend wohl immer der letzten Schreibart zu gemäss ausgesprochen worden ist.

38) Gewiss aber ist ⲥⲧⲙⲏⲧ nicht aus ⲥⲱⲧⲙ und ϩⲏⲧ *cor* zusammengesetzt wie Peyron *lex.* p. 217 glaubt, welche Ausdrucksweise für einen so einfachen Begriff eine höchst gesuchte und gezwungene wäre, während sich die Form als Participium einfach und natürlich erklärt. Eine wirkliche Zusammensetzung mit ϩⲏⲧ ist dagegen ⲛⲁϩⲏⲧ, auch ⲛⲁⲏⲧ geschrieben, *misericors*, aus ⲛⲁ *misereri* und ϩⲏⲧ *cor* nach §. 60. Auch ⲛⲉⲕⲏⲧ wird für eine solche gehalten, aus ⲛⲉⲃ *dominus* und ϩⲏⲧ: *dominus cordis* so viel als *prudens*; doch scheint auch das gesucht zu sein.

39) So bieten von dem Stamm ⲡⲱϣⲉ *rumpi*, *separari* (B. ⲡⲱϣ *scindi*, M. ⲫⲱⲝⲓ *rumpere)* die verschiedenen Stufen der Femininbildung verschiedene Begriffsmodificationen dar: ⲡⲁϣⲥ, ⲧ *sputum*, ursprünglich *separatum*, *das Ausgeschiedene*; ⲡⲟϣⲥ, ⲡⲛ *globae* das ist die *Bruchstücke* der Erde welche vom Pflug *gebrochen* wird; ⲡⲁϣⲉ, ⲡⲟϣⲉ, ⲡⲱϣⲉ, ⲧ *fragmentum* ligni. ⲁⲱⲣ, *trabs*; so sind ursprünglich ϥⲱⲣⲧ, ⲧ (ϥⲣⲱⲧ, ⲧ) und ϥⲣⲱ, ⲧ

§. 42 von ⲉⲡ (ⲉⲣⲱⲟⲩ §. 35) *uillare* nur *stillatorium*, ersteres aber wird für *torcular*, letzteres für *fornax*, *constatorium* gebraucht; ⲕⲁⲓⲥⲓ, ⲧ *sepultura* und ⲕⲟⲥ, ⲕⲱⲥ, ⲧ §. 39 *sepulcrum* von ⲕⲥ *cadaver curare*; ϣⲁⲧⲥ, ⲧ *fossa, canalis* und ϣⲓϯ, ⲧ *puteus, fovea* von ϣⲉⲧ *excindere, caedere*. Es ist dasselbe Verhältniss welches bei der an verschiedene vocalische Aussprache sich anknüpfenden verschiedenen Bedeutung obwaltet §. 7, vgl. z. B. die von Schwartze, K. Gr. S. 165 gegebenen verschiedenen Bedeutungen der verschiedenen Formen des Stammes ⲟⲩⲱⲧ.

40) Der sehr weiche Laut des Halbvocals ⲟⲩ löst sich gerade im Coptischen häufig ganz auf; so z. B. am Anfang des Wortes ⲟⲩⲟⲙⲥ: ⲱⲙⲥ *immergere*; ⲟⲩⲱ: ⲱ *pignus*; ⲟⲩⲟⲧⲡ *suffocatio*: ⲱⲧⲡ *suffocare*; ⲟⲩⲣⲟ: S. ⲣ̅ⲣⲟ *rex*; ⲟⲩⲛⲟⲩ: ⲛⲁⲩ *hora*; ein bei demselben stehender Vocal fällt natürlich mit ihm: ⲟⲩⲉⲣⲏϯ: ⲣⲁⲧ *pes*, es sei denn dass er zur Stütze der folgenden Laute erhalten oder gleichsam neu geschaffen wird: ⲟⲩⲥⲁⲡⲣⲱⲟⲩ: ⲥⲁⲡⲣⲱⲟⲩ *limina*. Zwischen zwei Lauten wie im obigen Falle wird es aufgelöst bei der Verkürzung der Participialbildung §. 34 und der Verkürzung der Pluralbildung §. 48.

41) Das nur einen ganz leichten Hauch bezeichnende ϩ, welches sogar den griechischen Spiritus lenis wiedergeben konnte wie in ϩⲓⲣⲏⲛⲓⲕⲟⲥ *εἰρηνικός*, ϩⲓⲕⲛ für *εἰκή*, fiel sehr häufig gerade am Anfang des Wortes ab: ϩⲱⲗϭ, ⲗⲟϭⲗⲉϭ: ⲗⲟϭⲗⲉϭ *adhaerere*; S. ϩⲁⲧⲏⲣ: M. ⲁⲑⲏⲣ *malleus*. Andre Beispiele bei Schwartze, *Kop. Gr.* §. 372 S. 312, sowie in den folgenden §§. Beispiele vom Abfall des ϩ im Inlaut und Auslaut. Eine andre Erklärung des ϩⲁⲛ, als zusammengesetzt aus dem »Indefinital-Stamm ⲕⲥ, ⲭⲥ« und dem »Indefinitivum ⲁⲛ, ⲛ̄«, siehe bei Schwartze, *K. Gr.* §. 91 S. 380.

42) Einen ganz analogen Vergang weist das Hebräische in הֵן auf, welchem Aram. אִלֵּין, Aeth. *ellā* oder *ellō* gegenüber steht; und in einem einzelnen Fall ist es sogar zu בֵּן verkürzt Ewald, *H. S. L.* §. 183a. Vgl. dessen *Erklärung der grossen phönizischen Inschrift von Sidon* S. 47.

43) Wie dies in ganz gleicher Weise geschah, als beim Uebergang des Lateinischen zum Romanischen die Endungen des ersteren für den Ausdruck der Beziehungen des Nomens in der Rede ihr Gewicht verloren und zum Ersatz dafür die Artikel aus einem Pronomen geschaffen wurde. Vgl. hierüber Schleicher, *Sprachen Europa's* S. 18. 154.

44) Alle drei Laute, ⲛ ⲧ ⲛ, erhalten zum Behuf der Aussprache einen kurzen Hülfsvocal, e oder i (vgl. die Zusammenstellung bei Schwartze, *K. Gr.* §. 65 S. 352), welcher jedoch keineswegs auch in der Sprache fehlte, wenn er in der Schrift nicht vorhanden ist (Anm. 10). Nur wenn ein Vocal das folgende Wort beginnt, welcher dem den Artikel bildenden Consonanten als Stütze dienen kann, bedarf dieser keines besonders laut werdenden Hülfsvocals, z. B. ⲛⲁⲗⲟⲩ aus ⲛ und ⲁⲗⲟⲩ *puer* entstanden.

45) ⲁⲛⲍⲱⲣ, ⲛ *princeps* ist daher keineswegs bloss synonym mit ⲍⲱⲣⲁ, ⲛ *princeps*; beide sind vielmehr zu dieser Bedeutung auf ganz verschiedenem Wege gelangt. ⲍⲱⲣ, eigentlich *caput*, ist einfach bildlich aufgefasst *princeps*; ⲁⲛⲍⲱⲣ aber bedeutet, wie ⲁⲛⲧⲙⲟⲩ *Einheit von Bergen* und daher *Gebirg*, so *Einheit von Häuptern* und erst dann der dessen charakteristische Eigenschaft es ist, eine solche in sich zu vereinigen und der als ihr Repräsentant gleichsam sie selber ist. — Die immer von einem in nominaler Richtung sich bewegenden Stamm ausgehende Adjectivbildung durch vortretendes ⲛ-, wie ⲛⲕⲱϩⲧ *igneus* von ⲕⲱϩⲧ *ignis*, und sogar ⲛ̇ⲟⲙⲛⲓ *justus* homo, könnte höchstens insofern hierher gerechnet werden, als eine ursprüngliche Verwandtschaft des oben besprochenen ⲛ- mit der hier wirkenden, im Coptischen die weiteste Verbreitung und Anwendung findenden Partikel ⲛ anzunehmen wäre.

46) Von der gleichfalls den ursprünglich sich in verbaler Richtung bewegenden Begriff als an einer Person haftend darstellenden Bildung durch vortretendes ∊ϥ - §. 57 unterscheidet sich diese Bildung durch peϥ- wie im Lateinischen die Bildung auf -tor von der des Participiums auf -ns; so ist ⲉⲧⲙⲏⲥⲉ *fenerans* d. h. einer welcher in einem einzelnen Fall wuchert, peϥⲙⲏⲥⲉ dagegen *fenerator* d. h. einer zu dessen Charakter es gehört zu wuchern, so dass sich diese Thätigkeit bei ihm beständig wiederholt.

47) Ursprünglich hatte selbstverständlich das peϥ- auch seine selbständige Bedeutung, welche jedoch, als es in der oben beschriebenen Weise für den Vorderbau verwendet wurde, ganz aufgegeben ward. In seiner vollen Bedeutung und nach dem Gesetz der Zusammenreihung §. 60 verbunden, findet es sich noch in Fällen wie peϥϣⲟⲙⲛⲧ »Dreimachung«, »Dreitheilung«, und der »Dreitheil«, das »Drittel« selbst §. 27. Hier braucht der die Besonderheit bezeichnete zweite Theil der Bildung sich auch nicht in verbaler Richtung bewegen zu können, wie es bei der Anwendung des peϥ- als der Vorderbaubildung nothwendig ist, und das peϥ- selbst konnte, was es als eigentliche Vorderbaubildung niemals kann, mit dom ursprünglich gleichlautenden ⲧⲉϥ- wechseln §. 27.

48) Denn auch die verbale Richtung eines Stammes erhält jetzt ihren besonderen Ausdruck welcher die anderen ursprünglich im Stamm enthaltenen Modificationen des Begriffes ausschliesst. Hierzu benutzt die Sprache gleichfalls den Stamm ⲣ, jedoch ohne jede Spur einer Hinterbaubildung wie sie sonst noch an diesem Stamme sich zeigt (ⲓⲣⲓ, ⲉⲣⲉ), und stets mit einem den Consonanten vorantretenden ⲉ, welches theils ⲉ geschrieben, theils durch die Bezeichnung ⸗ oder ⸗ über dem Stammconsonanten angedeutet wird. Zunächst wurde es in seiner ursprünglichen Bedeutung *facere* in syntaktischen Zusammensetzungen wie in dem obigen ⲡⲛⲉⲧⲣϩⲟⲟⲩ *malum facere* angewandt. Durch eine solche Verbindung mit einem Object bewegt sich der Stamm vollständig entschieden nur in der verbalen Richtung, so dass die Modification des Thatnomens einer besonderen Andeutung bedarf, und diese tritt nach dem Gesetz dieser Periode durch peϥein. In dieser Weise gebraucht, steht also das ⲉⲣ- anderen selbstständigen Stämmen ganz gleich, wie dem ⲭⲉ in peϥⲭⲉⲛⲉⲧϩⲟⲟⲩ *locutor mali*. Ganz andere Bedeutung gewinnt es jedoch vor Stämmen welche entweder noch in nominaler und verbaler Richtung auftreten oder nur noch in nominaler, ihrem Begriff nach aber auch in verbaler sich ursprünglich bewegen konnten. Da nämlich ⲉⲣ der Eigenthümlichkeit des Coptischen gemäss (Anm. 12) neben *facere* auch *fieri* bedeuten konnte, so wurde es in der abgeschwächten Bedeutung von *werden* und *sein* (vgl. Ewald, *Spr. Abh.* I §. 22) zunächst auch von solchen Stämmen benutzt, welche an und für sich nur nominale Bedeutung haben konnten, um überhaupt nur den ursprünglich ruhenden Begriff als in Bewegung befindlich gedacht herzustellen, z. B. ⲉⲣⲓⲱⲧ *patrem esse, patris munera fungi*. Hierher gehört die Bildung ⲉⲣpeqⲥⲱⲧⲙ *obedientem esse*, in der Bedeutung wesentlich durchaus nicht verschieden von der verbalen Richtung des einfachen Stammes: ⲥⲱⲧⲙ *obedire*; es ist nur eine consequente Benutzung der seit dem Vorderbau neu gewonnenen Mittel zum klaren sinnlichen Ausdruck des Begriffs. Dieser Gebrauch bildet die Uebergangsstufe dazu dass ⲉⲣ vor Stämmen vorhin erwähnter Art überhaupt nur das Herrschen der die Bewegung enthaltenden Richtung, der verbalen, andeutet. So hat der einfache Stamm ϭⲱⲃ nur noch die Bedeutung *debilis*, während die ihm ursprünglich gleichfalls eigne verbale Richtung derselben noch in dem Participium ⲉⲧϭⲟⲟⲃ *debilis, schwach seiend*, sowie in der jüngeren (Anm. 23) Bildung ϭⲁⲕⲉ hervortritt, welches die Modificationen des Verbums, des Thatnomens und des Abstractums umschliesst: *debilem esse, debilis* und *debilitas*; die Vorderbaubildung ⲉⲣϭⲱⲃ hebt dagegen von dem eigentlichen Stamm

ausgehend die verbale Richtung und zwar als die dieser Bildung allein zukommende hervor. Diese Bildung wird von der grössten Wichtigkeit für das Coptische. Sie belebt aufs Neue viele gleichsam erstarrte Stämme und dient daher sehr häufig zur Vermittlung der Bildung ⲡⲉϥ-. Denn da diese nur von einem sich in verbaler Richtung bewegenden Begriff ausgehen kann, so muss, wo dieser bereits ruhend geworden ist, dies ⲉⲡ zu Hülfe gerufen werden um ihn wieder als bewegten hinzustellen. So wird das obige ⲡⲉϥⲉⲡⲛⲟⲉⲓ nur durch die Zwischenbildung ⲉⲡⲛⲟⲉⲓ möglich, da ⲛⲟⲉⲓ selbst nicht mehr sich in verbaler Richtung bewegt. Hieraus erklären sich auch die so häufigen griechischen Verba mit vorgesetztem ⲉⲡ-: die Copten nahmen, wenn sie ein Verbum aus dem Griechischen entlehnten, die Bildung desselben, welche ihrem nackten Stamm am meisten entsprach, den Infinitiv und setzten zum Zeichen dass sich das Wort in der verbalen Richtung bewegte, das dieses Verhältniss andeutende ⲉⲡ- davor, z. B. ⲉⲡⲡⲓⲣⲁⲍⲓⲛ : πειράζειν u. s. w. So giebt auch diese Vorderbaubildung nichts eigentlich Neues, sondern hebt mit Ausschliessung aller anderen Möglichkeiten eine Modification als die allein gültige hervor.

49) Diese, wie aus der oben folgenden Erklärung hervorgeht, ursprüngliche Aussprache hat sich noch im Sahidischen erhalten, während im Memphitischen das ⲛ sich ganz abgeschliffen hat, so dass das Wort ⲙⲉⲧ- lautet. Vgl. Anm. 27. 32. Ueber die Schreibung ⲙⲉⲟ- vgl. Schwartze, K. Gr. §. 302 S. 272.

Berichtigungen.

Seite 8 Zeile 17 ist »hinzu« in zwei Wörter zu trennen.
„ 12 „ 7 ist nach »der« die Notenziffer (27) einzuschalten.